EL DICCIONARIO
COMPLETO DE
TÉRMINOS DE
BIENES RAÍCES

EXPLICADOS EN
FORMA SIMPLE

*Lo que los inversores inteligentes
necesitan saber*

Jeff Haden

El Diccionario Completo de Términos de Bienes Raíces Explicados en Forma Simple: Lo que los inversores inteligentes necesitan saber

Copyright © 2008 by Atlantic Publishing Group, Inc.
1405 SW 6th Avenue • Ocala, Florida 34471 • 800-814-1132 • 352-622-1875–Fax
Web site: www.atlantic-pub.com • E-mail: sales@atlantic-pub.com
SAN Number: 268-1250

ISBN-13: 978-1-60138-033-3   ISBN-10: 1-60138-033-X

Haden, Jeff (William Jeffrey), 1960-
  [Complete dictionary of real estate terms explained simply. Spanish]
  El diccionario completo de términos de bienes raíces explicados en forma simple : lo que los inversores inteligentes necesitan saber / Jeff Haden.
    p. cm.
  Includes bibliographical references and index.
  ISBN-13: 978-1-60138-033-3 (alk. paper)
  ISBN-10: 1-60138-033-X (alk. paper)
  1. Real estate business--Dictionaries--Spanish. 2. Real property--Dictionaries--Spanish. 3. Real estate investment--Dictionaries--Spanish. I. Title.

  HD1365.H3318 2007
  333.303--dc22

                    2007041367

CORRECTOR: Angela C. Adams, aadams@atlantic-pub.com
DIRECTOR DE ARTE & DISEÑO INTERIOR: Meg Buchner • megadesn@mchsi.com
DISEÑO DE TAPA: Lisa Peterson, Michael Meister • info@6sense.net

Por más de 20 años como agente licenciado de bienes raíces, he disfrutado de una maravillosa, excitante carrera ayudando a: gente a tener éxito en las inversiones más grandes de sus vidas y logrando el sueño de la casa propia; corporaciones con necesidades únicas a encontrar un espacio adecuado; inversionistas consiguiendo la propiedad correcta para sus metas; y, desarrollo de proyectos.

Es fundamental el comprendimiento del lenguaje de Bienes Raíces para que todos los consumidores tomen buenas decisiones. Los bienes raíces son el único negocio que trasciende tiempo y culturas, aún los conceptos básicos son eternos. Para ingresar a las arenas de los bienes raíces en cualquier nivel, uno debe ser capaz de llevar adelante una conversación con los profesionales de la industria de manera que las decisiones clave puedan ser hechas en una forma oportuna y sin indecisión. Como se dice usualmente, "El tiempo es esencial".

Mucha gente se siente abrumada cuando llega a ejecutar el paquete de contrato de bienes raíces o cerrar documentos, donde a veces los papeles se pueden numerar en cientos, y atenta con leer estos documentos a menudo resulta en desanimar abatimiento, y muchas veces los profesionales se preguntan si la gente firma ciegamente por temor a parecer ignorantes.

Para planear una transacción por anticipado, uno le puede pedir a su agente un esbozo de la adquisición, disposición o proceso de arrendamiento tanto como copias en blanco de los documentos que se necesitarán para ser aprobado y ejecutado. Dado un tiempo de tranquilidad para esudiar, saldrán a la luz muchas preguntas, a primera vista el texto puede parecer como idioma extranjero. Uno necesitará hacer más investigación para tener un entendimiento coherente y comprensivo de exactamente lo que tienen que firmar.

Hoy, a menudo oímos de inversores de bienes raíces haciendo una matanza en el mercado y al mismo tiempo especuladores perdiendo sus camisas. Básicamente, lo qie separa "Especuladores" de "Inversores" es un conocimiento y comprensión de el único lenguaje de los bienes raíces; como un diccionario estándar define una palabra no necesariamente se aplica en todas las situaciones. En mi opinión, el problema principal es que la gente necesita decidir "voy a invertir en mí mismo y adquirir una profunda comprensión de lo que estoy haciendo para tomar la mejor decisión posible, en cualquier situación y en forma oportuna".

El Diccionario Completo de Términos de Bienes Raíces es la herramienta perfecta para tener y mantener como su referencia lista para usar, conteniendo más de 2.400 términos específicos de bienes raíces. Si está haciendo una investigación preliminar en el mercado de los bienes raíces, si está estudiando contratos y formularios tanto como si contempla su compra o inversión, o mientras se cierra un contrato el Diccionario Completo de Términos de Bienes Raíces probará ser el recurso más valioso en el proceso de la toma de decisión clave. Arreglados en orden alfabético, cada término está claramente definido en un lenguaje que le será fácil de comprender.

Comenzará a sentirse cada vez más seguro de sus acciones tanto como adquiera una valiosa comprensión de los términos de bienes raíces.

El Diccionario Completo de Términos de Bienes Raíces le ayuda a tener un sólido cimiento para su éxito en bienes raíces. Todo lo que necesita hacer es aplicar el valioso conocimiento contenido en este libro para construir su futuro en bienes raíces.

¡Les deseo felicidad y un gran éxito en todos sus negocios de bienes raíces!

John D. Pinson
Presidente, John D.
Pinson, Inc.
CIPS, CRS, GRI, FIREC,
Cert. FIABCI
(Federación Internacional
de Bienes Raíces)

John es un agente licenciado de bienes raíces que ofrece "lo mejor en bienes raíces" en Florida, New York e internacionalmente. Él es más buscado como un orador industrial líder y ha viajado por más de 40 países reuniéndose con oficiales de gobierno, dirigiéndose a las audiencias y promoviendo los productos y servicios de bienes raíces. Sirvió como Presidente en 2004 en la Realtors.

Assn. Of the Palm Beaches; 2005-06 Presidente de FIABCI-USA; y sirve en la Board of Florida Assn. of Realtors, National Assn. of Realtors, y FIABCI International, tanto como en varias otras organizaciones benéficas.

Visite su sitio web en: www.johnpinson.com, o puede ser contactado en john@pinson.com.

Jeff Haden compró su primera casa cuando todavía estaba en Universidad; desde entonces él ha invertido extensamente en propiedades residenciales y comerciales en cinco estados. También ha escrito largamente sobre inversiones en bienes raíces, hipotecas y finanzas personales. Un graduado de la Universidad de Madison, también es Presidente de BlackBird Media, una agencia de publicidad y proveedora de servicios de publicación de libros.

Dedicado a mi abuelo, quien miró la primera casa que quise comprar y dijo, "Estás seguro de que no deberías quedarte con tu departamento?" Y a mi esposa, quien inmediatamente mira al pasado que es ver lo que pudo ser.

Si el conocimiento es poder, estuve en problemas. He trabajado mi camino a través de la universidad, pagándolo y ahorrando suficiente dinero para el pago adelantado de una casa. Sabía lo que estaba buscando , básicamente cualquier casa que pudiera pagar - y sabía un poco de construcción, habiendo construido cuartos adicionales con mi padre cuando era un adolescente, pero de otro modo no habría sabido nada acerca de bienes raíces.

Entonces hice lo que parecía razonable: llamé a un agente de bienes raíces. Al día siguiente estaba llendo de casa en casa no con uno sino con dos agentes, ambos hablando en un lenguaje que yo no entendía. Ellos casualmente lanzaban términos como "nube en el título," "escritura de fideicomiso," "préstamo global," "xilófago," ninguna de las cuales tenía sentido para mí. Había estado excitado por comprar una casa pero ahora parecía muy complicado y, para ser honesto, más que un poco intimidante.

La industria de los bienes raíces, tanto como casi cualquier otra industria, tiene todo un lenguaje propio. Sabiendo ese lenguaje no lo hará automáticamente mejor inversor porque los buenos inversores de bienes raíces tienen ojo para los valores, mantienen los dedos en el pulso de su mercado, y ven el potencial en propiedades que otros no pueden ver. Pero los buenos inversores también conocen el lenguaje de los negocios, y comprender términos y frases de bienes raíces puede ayudarlo a tomar mejores decisiones cuando compre, venda o rente una propiedad. Además, se sentirá más confiado y seguro cuando interactúe con profesionales de bienes raíces.

Y si un posible comprador de su hogar dice, "Nos gusta su hogar, pero qué pasa si hay insectos xilófagos?" usted puede responder, "Usted está preocupado por los insectos perforadores de madera? No hay problema. Haremos una inspección de termitas antes de cerrar el trato."

— Jeff Haden

A estrenar Espacio nuevo que nunca antes ha sido ocupado por un arrendatario y está actualmente disponible para el arriendo.

A prueba de juicio No teniendo ningún activo que satisfará una sentencia por dinero.

Abandono Entrega vountaria del inmueble que es propio o rentado sin nombrar a un sucesor como propietario o inquilino. Una propiedad abandonada tiende a revertir el previo interés de la parte tenedora, como un prestamista. El abandono no quita ninguna de las obligaciones que el inquilino haya tomado, a no ser que el ente acreedor de esas obligaciones esté de acuerdo en prescindir de esas obligaciones. En simples palabras, el abandono significa, "Me estoy llendo, y renuncio a cualquier derecho sobre la propiedad o su valor... pero todavía puedo ser responsable por las deudas que se deben".

Abuso del derecho Doctrina legal por la cual un tribunal rechazará hacer cumplir un contrato que era extremamente injusto o sin escrúpulos en el momento en que fue hecho.

Accesibilidad La comodidad y conveniencia de entrar una propiedad por parte de los inquilinos, dueños, clientes o cualquier otro usuario. Típicamente se refiere al acceso de peatones o de automóviles, pero también se podría referir a tráfico aéreo. La falta de accesibilidad típicamente resulta en un valor más bajo para la propiedad.

Accesión: Adquirir el título para adiciones o mejoras a la propiedad inmueble como resultado del anexo de objetos fijos o el crecimiento natural de depósitos aluviales a lo largo de riberas de arroyos.

Acceso completo Requisito para revelar toda la información pertinente a una transacción. Por ejemplo, se requiere que un corredor, bajo acceso completo, dé al comprador todos los hechos sabidos sobre la condición física de una propiedad.

Accesorio Artículo de la propiedad personal que ha sido convertido a la propiedad inmobiliaria por estar fijado permanentemente.

Acción negatoria Acción judicial para quitar una imperfección en el título.

Acciones completamente diluidas El número de acciones excepcionales si todas las obligaciones convertibles fueran convertidas a en acciones ordinarias.

Acciones derivadas Tipo de acciones que se han creado de otros instrumentos financieros.

Acciones en circulación Número de acciones comunes en circulación menos las acciones en cartera.

Acciones Preferentes Acciones que tienen una demanda de distribución anterior por una cantidad definida, antes que los accionistas ordinarios puedan recibir algo.

Acciones preferentes convertibles Acción preferente que se puede convertir en acción ordinaria bajo ciertas condiciones que han sido especificadas por el emisor.

Aceptación Estar de acuerdo en aceptar una oferta. Si una de las partes ofrece comprar una propiedad a un precio específico y bajo términos específicos, y el propietario está de acuerdo en esos términos, entonces su aceptación significa que el contrato de venta está completo.

Aceptación calificada Aceptación, en la ley, que asciende a un rechazo de una oferta y es una contraoferta; una aceptación de una oferta sobre ciertas condiciones, o una calificación que tiene el efecto de alterar o modificar las condiciones de una oferta.

Acercamiento de los datos de mercado Estimación del valor obtenida comparando la propiedad que está siendo tasada con las propiedades similares recientemente vendidas.

Achicarse Acto de comprar una propiedad que es menos cara que la poseída actualmente.

Acoso inmobiliario La práctica ilegal de inducir a dueños de una casa que vendan haciendo representaciones con respecto la entrada o a la entrada potencial de personas de una raza particular o de un origen nacional en la vecindad.

Acre Medida estándar para una propiedad. Un acre es calculado en pies cuadrados o en yardas cuadradas. Un acre equivale a 4,840 yardas cuadradas o a 43,560 pies cuadrados.

Acre comercial Porción de tierra comercial que puede ser construida después de que han sido definidos los permisos para caminos, espacios abiertos anticipados y las áreas no disponibles.

Acre usable neto Porción de una propiedad que es apta para la edificación, restando lo necesario para las regulaciones de zonificación, los requisitos de densidad y otras restricciones del código de construcción.

Acrecimiento: Incremento o crecimiento de tierra por el depósito de arena o tierra llegada a la orilla naturalmente desde el río, lago o mar. Esta tierra agregada se convierte en propiedad del propietario.

Acreedor Una parte a la cual otras partes deben le deben dinero; Persona en cuyo favor se establece un compromiso.

Acreedor hipotecario Prestamista (individuo o compañía que presta el dinero) en una transacción de préstamo hipotecario.

Acres edificables La porción de tierra que se puede construir después de que se han hecho los trazados de caminos, espacios abiertos anticipados, y se han determinado las áreas no disponibles.

Acres Totales Cantidad completa de área de tierra que está contenida dentro de una inversión inmobiliaria.

Acta para americanos con discapacidades: Declara los derechos de los individuos con discapacidades en empleo y alojamiento público. Diseñada para eliminar la discriminación en contra de los individuos con discapacidades requiriendo iguales accesos a los trabajos, alojamiento público, servicios gubernamentales, transporte público y comunicaciones. Incluye el diseño de edificaciones previstas para servir al público.

Activo Gastos prepagos durante el corriente año de negocio que deben ser imputados al nuevo año de negocio. El pago anticipado de la renta le da derecho a la compañía a usar estas instalaciones rentadas durante el nuevo año de negocio; una propiedad, o un artículo de valor.

Activo de vida limitada Algo de valor que se deteriora con el tiempo. Un pozo de petróleo es un activo consumible o de vida limitada.

Activo líquido Tipo de activo que se puede convertir fácilmente en efectivo.

Activo no líquido Tipo de activo que no se convierte fácilmente en efectivo. La tierra se considera un activo no líquido.

Activos agrícolas Activos de una granja o de una hacienda incluyendo tierras de labranza, residencias personales, y otras estructuras usadas en el negocio del cultivo o de hacienda.

Activos bajo gestión Cantidad de activos de bienes raíces al valor corriente de mercado por los que un administrador es responsable de invertir y administrar.

Activos del plan Los activos incluidos en un plan de pensión.

Activos netos Valor total de activos menos los pasivos totales basados en el valor de mercado.

Activos rápidos Activo que fácilmente y rápidamente puede ser convertido en dinero efectivo; activo líquido. Los bienes inmuebles no son un activo rápido.

Activos totales Cantidad final de todas las inversiones brutas, efectivo y equivalentes, cuentas pendientes y otros activos como están presentados en el balance.

Acto de Dios: Acto de naturaleza más allá del control humano, incluyendo inundaciones, huracanes, relámpagos y terremotos. Un contrato puede incluir una precaución de un Acto de Dios que libera a ambas partes de la obligación donde un desastre natural ha destruido o dañado la propiedad.

Actualización de resumen Adicionar copias de todos los nuevos documentos relevantes al resumen de título existente para hacer que sea actual; frecuentemente la actualización de un resumen es considerada adecuada para la venta de una propiedad que ocurre inmediatamente después de una venta previa.

Acuerdo Es lo mismo que cierre; acto de ajustar y prorratear los créditos y gastos para concluir una transacción inmobiliaria.

Acuerdo de alquiler Acuerdo oral o escrito que establece o modifica los términos y condiciones relacionados al uso y ocupación de una unidad de vivienda y sus instalaciones.

Acuerdo de compra Contrato escrito que el comprador y el vendedor firman definiendo los términos y condiciones bajo los cuales la propiedad será vendida.

Acuerdo de gerencia Contrato entre el dueño de la propiedad de renta y el gerente de una firma o administrador de una propiedad individual que delínea el alcance de la autoridad del gerente.

Acuerdo de listado Acuerdo entre el dueño de una propiedad y un corredor de bienes inmuebles que autoriza a éste a procure vender o arrendar la propiedad en un precio especificado y términos para una comisión u otra remuneración.

Acuerdo de no competir Una cláusula en un acuerdo donde una parte promete no vender o no producir las mismas mercancías y servicios dentro de un área geográfica especifica de la otra parte.

Acuerdo de ocupación Acuerdo para permitir al comprador que ocupe la propiedad antes del cierre de la plica, en consideración por el pago al vendedor de una cantidad especificada de alquiler.

Acuerdo de plica Acuerdo escrito entre un agente de plica y las partes contractuales que define las obligaciones básicas de cada parte, el dinero (u otros objetos de valor) a ser depositado en plica, y cómo el agente de plica debe disponer del dinero en depósito.

Acuerdo de recompra Disposición en un contrato donde el vendedor acuerda readquirir la propiedad en un precio indicado si ocurre un acontecimiento especificado. Por ejemplo, un constructor podría ser requerido de recomprar una propiedad minorista en un precio específico si ciertos niveles de ventas no son alcanzados.

Acuerdo de seguridad Ver Código Comercial Uniforme.

Acuerdo de subordinación Acuerdo escrito entre los titulares de derechos de embargo sobre una propiedad que cambia la prioridad de la hipoteca, juicio y otros derechos de embargo bajo ciertas circunstancias.

Acuerdo de venta Documento legal que el comprador y el vendedor deben aprobar y firmar que detalla el precio y los términos de la operación.

Acuerdo expreso Contrato oral o escrito en el cual las partes indican los términos del contrato y expresan sus intenciones en palabras.

Acuerdo mutuo Consentimiento de todas las partes; acuerdo de todas las partes a las cláusulas de un contrato. La cancelación voluntaria de un contrato es referida como rescisión mutua.

Acuerdo riguroso Acuerdo que no se puede romper por ninguna de las partes implicadas.

Acuerdo sobre margen Acuerdo que amplía la garantía de un préstamo para incluir varias propiedades. Esto, en efecto, crea un segundo derecho de embargo sobre otras propiedades poseídas por el prestatario.

Acuerdo tácito Contrato bajo el cual el acuerdo de las partes es demostrado por sus actos y conducta.

Acuerdo transaccional: Liquidación de una obligación. Un acuerdo es un contrato hecho por el acreedor para aceptar algo diferente de -o menos que- lo que había sido prometido. Una vez que el acreedor acepta un acuerdo, la obligación del deudor está eliminada. Típicamente un acuerdo transaccional ocurre cuando las dos partes están en disputa.

Acuerdo de voluntades Asentimiento o acuerdo mutuo entre las partes de un contrato.

Ad valorem: Frase del latín que significa "de acuerdo al valor". Se refiere a un impuesto que se pone sobre el valor de una propiedad, típicamente basada en la evaluación de la propiedad hecha por el gobierno local.

Adjudicación Determinación judicial.

Adjuntar Proceso de anexar una parcela de tierra a una parcela más grande.

Administración de cuentas individual El proceso de mantener las cuentas que se han establecido para los patrocinadores individuales del plan u otros inversionistas para la inversión en las propiedades inmobiliarias, donde una firma actúa como consejero en la obtención y/o el manejo de una lista de las propiedades inmobiliarias.

Administrador de inversión Individuo o compañía que asume la autoridad sobre una cantidad especificada de capital en propiedades inmobiliarias, invierten ese capital en activos usando una cuenta separada y proporcionan la administración de activos.

Administración de la construcción El proceso de asegurarse de que las etapas del proyecto de construcción estén terminadas de una manera oportuna e sin fallas.

Administrador de propiedad Alguien que administra bienes inmuebles para otra persona por una compensación. Sus deberes incluyen cobrar rentas, el mantenimiento de la propiedad y llevar la contabilidad.

Administrador de residencia Individuo que supervisa el cuidado de un complejo de apartamentos mientras vive en una de las unidades.

Administración del préstamo Proceso a través del cual pasa una institución de préstamos a todos los préstamos que maneja. Esto implica la tramitación de pagos, el envío de declaraciones, el manejo de la cuenta de fideicomiso/ depósito, proporcionando servicios de cobro en préstamos morosos, asegurándose de que el seguro y los impuestos sobre la propiedad están hechos en la propiedad, administrando rentabilidades y asunciones, así como otros servicios varios.

Administración en el sitio Funciones de gestión de la propiedad que deben ser realizadas en el establecimiento. La muestra de unidades de alquiler a posibles arrendatarios es una función en el sitio, ya que se realiza en la mismas instalaciones.

Administración Federal de la Vivienda (FHA) Agencia estatal que administra muchos programas de préstamo, programas de garantía de préstamos y programas de seguro de préstamos diseñados para hacer que las viviendas sean más disponibles.

Administración de Viviendas de Trabajadores Rurales (FMHA) Agencia dentro del Ministerio de Agricultura de Estados Unidos que proporciona crédito a los granjeros y a otros residentes rurales.

Administración General de Servicios (GSA) Agencia estatal que administra, arrienda y vende los edificios poseídos por el gobierno de Estados Unidos.

Administración Remota Funciones de gestión de la propiedad realizadas lejos de los establecimiento.

Administrador de propiedades certificado Designación profesional dada a los encargados de las propiedades inmobiliarias por el Instituto de Gestión de Bienes Raíces.

Administrador líder Firma de inversión bancaria que tiene la responsabilidad primaria de coordinar la nueva emisión de valores.

Administrador residencial acreditado (ARM) Designación dada a las organizaciones de administración que cumplen con los estándares puestos por el Instituto de Administración de Bienes Raíces. Es dada a firmas calificadas que se especializan en administrar propiedades residenciales.

Afecto natural Frase que describe el supuesto sentimiento que existe entre los parientes cercanos, como un padre y una hija o un marido y una esposa.

Agencia aparente Forma de relación tácita de agencia creada por las acciones de las partes involucradas más bien que según un acuerdo o documento escrito.

Agencia de alquiler Persona que es compensada o recibe consideración para actuar como intermediario entre el locador y el potencial locatario.

Agencia de referencias Compañía de corretaje donde vendedores licenciados acuerdan obtener solo potenciales compradores y vendedores; ningún otro servicio que el de bienes raíces es permitido. La agencia de referencias recibe entonces una comisión por parte de la agencia a la cual referenció.

Agencia de reporte de crédito Una compañía que registra y actualiza la información crediticia y financiera de los solicitantes de crédito de varias fuentes.

Agencia de Protección Ambiental (EPA) Agencia del gobierno de Estados Unidos que hace cumplir las leyes federales de la contaminación e implementa programas de prevención de contaminación.

Agencia dual Individuo o compañía que representa a ambas partes a una transacción. Las agencias duales son poco éticas a menos que ambas partes estén de acuerdo, y son ilegales en muchos estados.

Agencia encubierta Una relación entre un agente y un cliente donde el cliente es inconsciente que el agente representa otro partido en la transacción. Muchos estados requieren que agentes autorizados revelen sus relaciones de agencia.

Agencia federal para el manejo de Emergencias (FEMA) Entre otros deberes, ofrece seguro de inundación a los dueños de propiedad en zonas anegables.

Agencia Hipotecaria Compañía que combina posibles prestatarios con prestamistas de los que está de acuerdo en encargarse.

Agencia Servidora Organización que recauda los pagos de capital e interés de prestatarios y maneja las cuentas en plica de los prestatarios en nombre de un fideicomisario.

Agencias Calificadoras Firmas independientes que son contratadas para calificar garantías de parte de inversores.

Agente Alguien que actúa o tiene el poder de actuar por otro. Una relación fiduciaria, creada bajo la ley de agencia (o representación) se dá cuando un dueño de una propiedad, como mandante, ejecuta un acuerdo o convenio de venta o contrato de gestión autorizando a un corredor de bienes raíces licenciado a ser su agente.

Agente alistado Profesional de impuestos licenciado por el gobierno para ocuparse del Servicio de Renta Pública en nombre de los consumidores.

Agente de bienes raíces Persona que está licenciada para negociar ventas de bienes raíces.

Agente de plica Un tercero neutral que se cerciora de que todas las condiciones de una transacción de propiedades inmobiliarias se hayan resuelto antes de que se transfiera cualquier fondo o se certifique una propiedad.

Agente de referencia Vendedor con una licencia activa de bienes raíces que refiere a posibles compradores o vendedores a una compañía de corretaje por una comisión de referencia al cierre.

Agente de transacciones Ayuda tanto al comprador como al vendedor con el trabajo administrativo y formalidades en la transferencia de la propiedad de bienes inmuebles, pero no es un agente de ninguna de las partes.

Agente de venta El agente de venta es el corredor que está en una situación de listado múltiple. El agente de venta y el agente de cooperación pueden ser la misma persona.

Agente del comprador Vendedor residencial de propiedades inmobiliarias que representa al posible comprador en una transacción.

Agente designado licenciado que es autorizado por un corredor para actuar como un agente para un capital específico en una transacción.

Agente especial Un agente que tiene la autorización dada por un jefe para realizar un solo acto o la transacción; un agente inmobiliario es por lo general un agente especial autorizado para encontrar a un comprador listo, dispuesto y capaz para una propiedad particular.

Agente general Individuo o compañía autorizada por un director para representarlo.

Agente gratuito Un agente que no recibe ninguna remuneración por sus servicios.

Agente hipotecario Individuo que combina posibles prestatarios con prestamistas de los que está de acuerdo en encargarse.

Agente participante Agencia de corretaje o su agente de ventas quien obtiene un comprador para una propiedad que está listada en otra compañía de corretaje; el agente participante normalmente divide la comisión con el corredor del vendedor en una cantidad acordada – usualmente del 50%.

Agente principal Agente licenciado directamente a cargo y responsable de las operaciones conducidas por la firma de corretaje.

Agente universal Persona autorizada para hacer algo que el director podría hacer personalmente.

Agrandarse Acto de comprar una propiedad que es más cara que la poseída actualmente.

Agravio Acto injusto que no es ni un crimen ni una infracción de contrato, pero que todavía puede involucrar al autor con la víctima por daños. La transgresión es un agravio.

Agregado Construcción que incrementa el tamaño de una edificación o que significativamente se suma a ella. Finalizar un espacio no terminado anteriormente, no se considera un agregado, pero en cambio, es considerado una mejora.

Agua potable Agua apta para beber.

Agua superficial Agua esparcida por la tormenta, no un flujo concentrado dentro de una corriente.

Aguas navegables Superficie de agua capaz de llevar buques comerciales.

Agua subterránea Agua bajo la superficie de la tierra.

Aislante Materiales usados para retardar la transferencia del calor o del frío a través de las paredes, reduciendo costes energéticos y manteniendo una temperatura constante.

Ajuste al valor de mercado Acto de cambiar el coste de inversión o valor original de una propiedad o cartera al nivel del valor de mercado estimado actual.

Ajuste negativo Procedimiento usado en contabilidad cuando el valor contable de un activo es ajustado hacia abajo para reflejar el valor corriente de mercado con mayor exactitud.

Ajustes subsiguientes de tasa Tasa de interés para las ARMs que se justa a intervalos regulares, a veces diferenciándose del período de duración de la tasa de interés inicial.

Alcance de la autoridad Estado de derecho que declara que un capital es susceptible a terceros por todos los actos injustos cometidos por su agentes realizando el negocio del principal, si el principal autorizó el acto.

Alfombrado de pared a pared Alfombrado que cubre totalmente la superficie de suelo en una habitación.

Almacenaje Término utilizado para describir el embalaje de un número de préstamos hipotecarios para la venta en el mercado de hipoteca secundaria.

Alojamiento abierto Condición bajo la cual las unidades de alojamiento pueden ser compradas o arrendadas sin considerar las características raciales, étnicas o religiosas de los compradores o arrendatarios.

Alojamiento subvencionado Apartamentos, clínicas de ancianos o viviendas individuales de familia que reciben un subsidio del gobierno.

Alquilar Rentar la propiedad a un arrendatario.

Alquiler efectivo Tasa de alquiler real que el propietario alcanza después de deducir el valor de la concesión de la tasa base de alquiler que un arrendatario paga.

Alquiler de segunda generación Arrendamiento de espacio en edificios ya construidos y previamente ocupado por otros arrendatarios. El término típicamente es usado en la industria de centros comerciales.

Alquiler de servicio completo Tarifa de alquiler que incluye todos los gastos de explotación e impuestos de la propiedad inmobiliaria por el primer año.

Alquiler de terreno Un arriendo de la tierra solamente, en el cual el arrendatario posee un edificio o se requiere generalmente para construir según lo especificado en el arriendo. Tales arriendos son generalmente arriendos netos a largo plazo; los derechos y las obligaciones del arrendatario continúan hasta que el arriendo expira o se termina por incumplimiento.

Alquiler en bruto Acuerdo de alquiler en el cual el arrendatario paga una suma plana de alquiler y el propietario debe pagar todos los costos del edificio fuera de esa cantidad.

Alquiler en efectivo En un arriendo agrícola, la cantidad de dinero dada como alquiler al propietario al principio del arriendo, esto es opuesto a una aparcería.

Alquiler maestro Arriendo primario que controla otros arriendos subsecuentes y puede cubrir más propiedad que todos los arriendos subsecuentes combinados.

Alquiler mínimo Cantidad más pequeña de alquiler de un inquilino bajo arriendo con un programa de arriendo variable.

Alquiler Neto Efectivo (EGR) Alquiler neto que se genera después de ajustar las mejoras del arrendatario y otros costes de capital, las comisiones del arriendo y otros costos de ventas.

Alquiler plano Contrato de alquiler que exige pagos nivelados (fijos).

Alquiler recreacional Contrato en el que el locador alquila instalaciones recreacionales a un locatario. Tipicamente ofrecidas por desarrolladores de grandes subdivisiones que incluyen piletas de natación, canchas de tenis u otras instalaciones recreacionales construidas por el desarrollador pero para uso de los residentes.

Alquiler sintético Transacción que es considerada como un arriendo por normas de contabilidad, pero como préstamo por normas fiscales.

Alquiler variable Contrato de arrendamiento donde el nivel de costo del alquiler es correjido periodicamente por tasadores independientes. A menudo el locador y el locatario seleccionan cada uno a un tasador, y si ellos no llegan a un acuerdo en el valor se seleccionará un tercer tasador.

Alteraciones estructurales Cambios a las piezas de apoyo de un edificio.

Altura La altura de un edificio es la distancia desde el bordillo de la acera o nivel del suelo, cualquiera sea más alto, hasta el nivel más alto de un techo plano o la altura media de una azotea inclinada.

Aluvión Tierra depositada por acrecimiento. Típicamente es considerado como propiedad del dueño del terreno.

Amoblamiento Muebles, enseres fijos, o equipamieto de una casa u otra edificación. Los artículos pueden aumentar o disminuir la usabilidad y/o el valor de una propiedad.

Amortización Proceso usual de pagar el interés de un préstamo y el capital por medio de pagos mensuales programados. Puesto simplemente, la amortización es el pago gradual de una deuda haciéndolo en cuotas y en forma periódica.

Amortización acelerada Método de amortización donde el valor de la propiedad se deprecia más rápido en los primeros años luego de comprada, con el objeto de aumentar los beneficios de impuestos de propiedad inmueble en esos años.

Amortización acumulada Cantidad de amortización de gasto que ha sido reclamado en el presente. También es refierida como amortización acumulada.

Amortización constante o lineal Técnica para estimar todas las formas de depreciación sostenida por un activo. La edad real de la propiedad es dividida por la vida económica de la misma. Por ejemplo, si el techo de un ingreso efectivamente tiene una antigüedad de 5 años, y usó una vida económica total de 25 años, esto es el 20 por ciento (25 dividido por 5) depreciado basado en un cálculo de amortización constante o lineal.

Amortización negativa Acontecimiento que ocurre cuando el interés diferido en un ARM es agregado y el saldo aumenta en vez de disminuir.

Análisis del emplazamiento Resolución de cuán adecuada es una parcela específica de tierra para un uso particular.

Análisis de plica Investigación anual que un prestamista realiza para cerciorarse de que están recogiendo la cantidad apropiada de dinero para los gastos anticipados.

Análisis de venta comparativa Técnica de tasación usada para encontrar el valor de un atributo particular. El tasador busca dos ventas donde la única diferencia es el atributo que esta siendo tasado; la diferencia en el valor es considerada como la valoración del atributo.

Anexo Agregado o actualización para un contrato existente entre partes. El anexo permite una revisión al contrato sin crear otro totalmente nuevo. Sólo es ejecutable si las dos partes están de acuerdo y lo firman; Documento presentado con datos de apoyo para un documento principal. Por ejemplo, un contrato puede tener una descripción legal de la propiedad adjuntada.

Anexión Proceso a través del cual una ciudad extiende sus límites para incluir un área geográfica específica. La mayoría de los estados requieren que un voto público sea mantenido dentro de la ciudad y el área a ser anexada para determinar la aprobación pública. También se puede referir a al proceso en el cual la propiedad personal (mueble) se apega a un inmueble.

Andamiaje Plataformas temporales utilizadas para sostener a trabajadores y materiales.

Año fiscal Período continuo de doce meses usado para la declaración financiera; muchas compañías utilizan le año fiscal desde el 1° de enero al 31 de diciembre.

Antes de Impuestos La ganancia de un individuo o empresa antes de deducir los impuestos.

Anticipación de Beneficios Apreciación de beneficios de una transacción antes del período durante el cual es ganado realmente.

Anticipo El principio de tasación que sostiene que un valor puede aumentar o bajar basado en la expectativa de algún beneficio futuro o pérjuicio producido en la propiedad. Un tasador puede determinar que el valor de la propiedad hoy es el valor presente de una suma anticipada de benficios futuros. Si una propiedad pareciera que en un determinado futuro no tedrá valor, su valor presente puede ser ajustado para reflejar ese valor futuro anticipado; Diferencia entre el precio de compra y la porción que financió el prestamista de la hipoteca. Una seña se refiere típicamente a la cantidad de efectivo que un prestatario colocó en la casa.

Anticipos Pagos que el gestor realiza cuando el prestatario falla al enviar un pago. Por ejemplo, un segundo acreedor hipotecario puede anticipar pagos morosos de la primera hipoteca para prevenir la ejecución de la hipoteca de la propiedad asegurada.

Antigüedad efectiva Estimación de la condición física de un edificio presentada por un tasador.

Anualidad Pagos regulares de una suma fija.

Anular Declarar nulo o dejar de lado.

Aparcamiento fuera de la calle Espacios de aparcamiento localizados sobre propiedad privada.

Aparcería En un arriendo agrícola, el acuerdo entre el terrateniente y el agricultor arrendatario para dividir la cosecha o el beneficio de su venta, en realidad compartiendo la cosecha.

Apariencia de título Título que parece ser un buen título, pero no lo es. Por ejemplo, un vendedor le podría dar un título al comprador de una propiedad que él no posee; el comprador tomaría la posesión bajo la apariencia del título - es decir, el comprador piensa y actúa como si él tuviera título libre, pero en realidad él no lo tiene.

Apartamento con jardín Complejo de viviendas donde algunos o todos los arrendatarios tienen acceso a un área de césped.

Apartamento de la abuelita Un cuarto pequeño alquilado

dentro de una residencia familiar.

Apertura de préstamo Proceso de obtener y arreglar nuevos préstamos.

Aplazamiento Restricción en tomar acciones legales para remediar un defecto u otro incumplimiento del contrato con la esperanza de que el defecto sea remediado si se concede tiempo adicional.

Apoderado Persona que esta autorizada a actuar en nombre de otra bajo un poder legal. Un hijo que tiene un poder legal para vender la propiedad de su padre es considerado un Apoderado; Persona que representa a otra, usualmente en una reunión o en una situación de voto.

Apoyo lateral y subyacente Apoyo que una parcela de propiedad inmobiliaria recibe de la tierra que la colinda.

Aprobación automática Sistema informático que permite a prestamistas agilizar el proceso de aprobación de un préstamo y reducir costos.

Aprobación de crédito Proceso durante el cual los prestamistas analizan los riesgos que presenta un prestatario particular y establecen condiciones apropiadas para el préstamo.

Apropiación Entregar tierras para uso público. Por ejemplo, a un desarrollador de una nueva subdivision se le puede requerir que entregue tierra para una nueva escuela para obtener la aprobación para empezar el proyecto.

Apuntalamiento Empleo de maderas para prevenir el deslizamiento de tierra colindante con una excavación.

Arancel de registro Cargo que los agentes de bienes raíces cobran por inscribir la venta de una propiedad en los registros públicos.

Arancel de Solicitud Arancel que aveces un prestamista cobra que puede incluir honorarios de tasación de propiedad, o un informe de crédito (a menos que esos aranceles hayan sido incluidos en otro lugar).

Arbitraje Acto de comprar valores en un Mercado y venderlos inmediatamente en otro Mercado para obtener ganancia de la diferencia de precio.

Arbitraje Resolver disputas a través de una tercer parte neutral. Tipicamente, el arbitraje es una alternativa a presentar una demanda en la corte de justicia. Muchos contratos de venta de bienes raíces contienen una cláusula requiriendo a las dos partes a enviar sus disputas a arbitraje, como resultado, ambas partes renuncian a su derecho de presentar una demanda en una corte pública de justicia.

Árbitro Tercera parte neutral asignada por una corte para arbitrar, investigar, encontrar hechos o resolver una disputa o un asunto legal.

Área Espacio de dos dimensiones. Puede referirse a un área construida o a un lote. Por ejemplo, un cuarto que mide 10 pies x 10 pies tienen un área de 100 pies cuadrados (10 por 10=100)

Área bruta arrendable Cantidad de espacio que se diseña para la ocupación y el uso exclusivo de los arrendatarios.

Área de lote mínima Área de lote más pequeña para una construcción permitida en una subdivisión.

Área de tierra Área de una edificación computado desde las dimensiones exteriores de la construcción.

Área estadística metropolitana estándar Designación dada a los condados con al menos una ciudad central con 50,000 o más residentes.

Área propensa a inundación Área que tiene una probabilidad anual de 1 por ciento de inundación una vez cada 100 años.

Área total de venta al público Superficie cubierta total de un centro comercial que está actualmente arrendado o disponible para el arriendo.

Áreas comunes Las partes de un edificio, de un terreno y comodidades, poseídas o administradas por una Unidad de Desarrollo Planificada (PUD) o Asociación de Propietarios de Condominio, que son utilizadas por todos los dueños de la unidad que comparten el costo común de operaciones y mantenimiento.

Áreas deterioradas Una sección de una ciudad o lugar donde la mayoría de las estructuras edilicias estan en estado ruinoso o en pobre condición.

ARM completamente amortizada ARM con una cuota mensual que es suficiente para amortizar el saldo restante a la tasa de interés acumulada actual sobre el término de la amortización.

Arquitectura Manera en que un edificio está construido,Incluyendo los planos, estilo, apariencia, materiales, y tecnologia de construcción usados.

Arracimar Agrupar unidades de vivienda dentro de una subdivisión en porciones más pequeñas que las normales, con la tierra restante usada como áreas comunes.

Arreglo de negocio controlado Arreglo donde un paquete

de servicios (tales como una firma de las propiedades inmobiliarias, una compañía de seguros de título, un corredor de hipoteca y una compañía de inspección de hogares), se ofrece a los consumidores.

Arrendador Persona o compañía que alquila la propiedad a otra persona; un propietario es el arrendador.

Arrendamiento Contrato escrito u oral entre un propietario (el arrendador) y un inquilino (el arrendatario) que transfiere el derecho a la posesión exclusiva y al uso de la propiedad inmobiliaria del propietario al arrendatario por un período de tiempo especificado y para un propósito indicado (alquiler). Por la ley del estado, los arriendos por más de un cierto período de tiempo (generalmente un año) deben estar por escrito para ser ejecutables.

Arrendamiento a largo plazo Contrato de alquiler que durará por lo menos tres años a partir de la firma inicial hasta la fecha de expiración o de renovación.

Arrendamiento de año a año Arrendamiento periódico en el cual el alquiler es reservado de año a año.

Arrendamiento continuo Período de alquiler en el cual un arrendatario conserva la posesión de la propiedad arrendada después de que el arriendo ha expirado y el propietario, continúa aceptando el alquiler, está de acuerdo en que el arrendatario lo continúe ocupando según lo definido por ley del estado.

Arrendamiento de petróleo y gas Subvención del derecho exclusivo de explorar el petróleo, gas y a veces otros minerales y extraerlos de la tierra.

Arrendamiento en propiedad individual Posesión de propiedad por una persona o una persona jurídica, como una corporación.

Arrendamiento en sociedad Forma de co-propiedad basada en y regulada por un acuerdo de sociedad.

Arrendamiento graduado Arriendo, generalmente a largo plazo, en el cual los pagos varían de acuerdo con contingencias especificadas futuras.

Arrendamiento mensual Arrendamiento periódico bajo el cual el arrendatario alquila por un mes a la vez. En ausencia de un contrato de alquiler (oral o escrito) un arrendamiento generalmente es considerado mensual. Algunos arriendos con términos fijos se convierten automáticamente a un arrendamiento mensual una vez que haya expirado el periodo original.

Arrendamiento periódico Arrendamiento que continúa de período en períado, como puede ser de mes a mes o de año a año. El arrendatario no posee derecho automático a extender el período del arrendamiento.

Arrendamiento por años Tenencia creada por un arriendo para un término fijado.

Arrendamiento por porcentaje contrato comunmente usado para propiedades comerciales, donde la renta es basada en las ventas netas del arrendatario en las instalaciones, usualmente estipula una base mensual más un porcentaje de las ventas netas que superen cierta cantidad.

Arrendamiento sin plazo fijo Licencia para usar u ocupar tierras y edificaciones a voluntad del dueño. El arrendatario puede dejar la propiedad en cualquier momento o el dueño puede requerir que el arrendatario se marche en cualquier momento.

Arrendamiento vitalicio   Propiedad vitalicia; interés en una propiedad inmobiliaria o personal que se limita en la duración a la vida de su dueño o alguna otra persona o personas designada/s.

Arrendatario   Persona a quien se le alquila la propiedad bajo arriendo (ocupante).

Arrendatario a voluntad   Persona que posee una unidad de bienes raíces con el permiso del dueño.

Arrendatario clave   Arrendatario importante de un edificio de oficinas que arrienda varios pisos, o un almacén grande e importante en un centro de compras.

Arrendatario principal   El arrendatario más grande o el de más ganacia en un edificio o centro de compras.

Arrendatario satélite   Arrendatarios en un centro comercial o calle peatonal que no son los arrendatarios ancla.

Arrepentimiento del comprador   Nerviosismo que algunos compradores de casas pueden sentir después de firmar un contrato de ventas o el cierre de la compra de una casa.

Arriendo aéreo   Arriendo de los derechos de aire por encima de una propiedad.

Arriendo neto   Arriendo que requiere al arrendatario pagar no solamente el alquiler sino también los costes incurridos en la mantención de la propiedad, incluyendo impuestos, seguro, utilidades y reparaciones.

Arriendo triple neto Arriendo que requiere que el arrendatario pague todos los gastos de la propiedad encima de los pagos de alquiler.

Ascendente   Adquisición de un estado mediante la herencia en el cual un sucesor hereda la propiedad por la operación de la ley.

Aseguradoras Federales Agencias federales autorizadas a publicar garantías como mejoras de crédito para las garantias respaldadas por hipotecas. Incluye a Fannie Mae, Ginnie Mae, Freddie Mac y FAMC.

Asociación agrupación de dos o más individuos quienes llevan en forma continua un negocio como co-propietarios. Bajo la ley, una asociación es considerada como un grupo de individuos mas que una entidad. Una asociación es la típica forma de empresa conjunta en la que cada asociado participa en la administración, ganancia y pérdidas de la operación. Una asociación limitada es un convenio comercial a través del cual la operación es administrada por uno o más asociados y financiada por socios comanditarios o limitados, quienes son por ley responsables de las pérdidas solo en la medida de sus inversiones.

Asociación de Propietarios (HOA) Grupo que gobierna a comunidad, edificio de condominio o la vecindad y hace cumplir los convenios, las condiciones y las restricciones fijadas por el empresario constructor.

Asociación de propietarios de condominios Una organización de todos los dueños de la unidad que supervisa los elementos comunes y hace cumplir los estatutos internos.

Asociación de propietarios de unidades Unidades de condominio quienes actuan como un grupo para administrar la propiedad. Las Asociaciones de Propietarios de Condominios son consideradas asociaciones de propietarios de unidades.

Asociación Federal Nacional de Hipotecas (FNMA) También conocida como Fannie Mae. Compañía con fueros del congreso, poseída por accionistas; es el proveedor más grande de la nación de hipotecas de la vivienda. La compañía compra hipotecas de prestamistas y las revende como valores en el mercado de hipoteca secundaria.

Asociación Hipotecaria Nacional Gubernamen (GNMA) También conocida como Ginnie Mae. Corporación gubernamental dentro del Departamento de Vivienda y Desarrollo Urbano de los Estados Unidos (HUD) que realiza el mismo papel que Fannie Mae y Freddie Mac en el abastecimiento de fondos a los prestamistas para hacer préstamos para la vivienda, pero compra solamente los préstamos que son respaldados por el gobierno federal.

Asociación Nacional de Corredores Exclusivos del Comprador Asociación profesional de los corredores del comprador que se especializan en la representación exclusiva de compradores. No aceptan los listados para la venta.

Asociación Nacional de Fideicomisos de Inversión en Propiedades Inmobiliarias (NAREIT): Organización comercial nacional, sin fines de lucro que representa la industria de fideicomisos de inversión en propiedades inmobiliarias.

Asociación no incorporada Organización formada por un grupo de gente. Si la organización tiene demasiadas características de una corporación, puede ser tratada como tal para razones fiscales.

Asociación Nacional de REALTORS® Organización de realtors® dedicada a promover el profesionalismo en actividades de propiedades inmobiliarias.

Asociación Nacional de Tasadores de Propiedades Inmobiliarias **Organización** profesional que certifica a tasadores de bienes para aquellos que requieren informes de tasación profesional.

Asociación Nacional de Tasadores Expertos (NAMA) Asociación profesional de tasadores formada para mejorar la práctica de la tasación en propiedades inmobiliarias a través de educación obligatoria.

Asociación Nacional de Tasadores Revisores y Suscriptores de Hipotecas Organización que concede la designación Tasador de Revisión Certificado (CRA) a los candidatos dignos de ello.

Asociación Nacional de Vivienda Compañía privada, con fines de lucro que se especializa en viviendas para familias de ingreso bajo a moderado, para discapacitados y para ancianos.

Asunción El acto de aceptar una hipoteca de el vendedor.

Ático espacio accessible entre le techo del piso superior y el techo de la estructura. Los espacios inaccesibles serán considerados cavidades estructurales y no un ático.

Atractivo de la fachada Atracción de una casa o de una propiedad vista desde la calle.

Audiencia Procedimiento formal con los temas de hecho o ley que serán tratados y decididos. Similar a un juicio y puede resultar en una orden final.

Auditoria ambiental Estudio de la propiedad para determinar si hay peligros.

Auditoría Fase I Evaluación inicial de una propiedad para determinar la existencia de problemas ambientales. Una Auditoría de Fase I es requerida para apoyar el alegato de ser un comprador inocente si luego son descubiertos problemas ambientales.

Aumento de alquiler Ajustes a la renta por parte del locador para cubrir cambios en el costo de vida o en los precios de mantenimiento de la propiedad.

Aumento del arriendo Acuerdo de arriendo que especifica ciertos aumentos en el alquiler a ciertos intervalos durante el término completo del arriendo. También conocido como un arriendo clasificado.

Aumento del costo operativo Cláusula que se dispone para ajustar los alquileres para considerar para normas externas tales como índices publicados, niveles de salario negociados o gastos relacionados con el edificio.

Autentificación electrónica Manera de proporcionar la prueba de que un documento electrónico particular es genuino, ha llegado inalterado, y vino de la fuente indicada.

Autopista Carretera con acceso solamente en intervalos específicos, generalmente con el uso de rampas por intervalos. También llamada carretera de acceso controlada.

Autorización de venta Un contrato de listado dando a un agente el derecho de buscar a un comprador para la propiedad. Al agente no le está permitido pactar un acuerdo para la venta; al agente se le autoriza a comerciar la propiedad para la venta y tiene derecho a una compensación por encontrar comprador.

Aval Atestiguar por observación y firma; una tercera parte, quien ha atestiguado la firma de un documento por sus principios, será un aval de la firma.

Aviso Comunicación oficial de una demanda legal o de la

intención de una persona o de una compañía de demandar. El anuncio de una venta pública es un aviso. También se refiere a la información que puede ser requerida por los términos de un contrato.

Aviso de desalojo Aviso para un arrendatario para que desocupe la propiedad alquilada; también puede ser utilizada por un arrendatario que desee desocupar la propiedad alquilada en una fecha especificada.

Aviso de finalización Aviso legal archivado después de la finalización de una construcción.

Aviso de gravamen Aviso publicado por una autoridad fiscal especificando el valor gravado de una propiedad.

Aviso de incumplimiento Notificación escrita formal que un prestatario recibe una vez que está en mora, declarando que se puede comenzar una demanda legal.

Aviso de investigación Aviso que la ley presume que una persona razonable obtendría investigando en una propiedad.

Aviso de liberación responsabilidad Aviso legal diseñado para liberar al dueño de una propiedad de la responsabilidad del coste de mejoras encargadas por otra persona. El dueño da, típicamente, el aviso de que él no será responsable de realizar el trabajo solicitado.

Aviso de presentación Aviso escrito por un agente inmobiliario a un vendedor con quien él o ella tienen un acuerdo de venta, estableciendo que el agente ha mostrado la propiedad y listado el nombre del posible interesado, la dirección y el precio de venta cotizado.

Aviso de rechazo Documento publicado por un notario

público ante la petición del portador de un documento que se le ha sido rechazado el pago del mismo por su librador. El aviso de rechazo es evidencia legal de que el documento está impago.

Aviso imputado Conocimiento de un agente que está vinculado al capital debido a una relación de la agencia entre ellos. Si el agente de un comprador se notifica de la aceptación de una oferta, el comprador no puede retirar la oferta incluso si él o ella no tenía aviso real de la aceptación por el agente del comprador.

Aviso legal Notificación a otros usando el método requerido por la ley. Por ejemplo, una escritura registrada en el palacio de justicia local es un aviso legal de la propiedad.

Avulsión El súbito retiro de tierras de un lugar a otro. Puede ser causado por motivos como la excesiva erosión o cuando un río cambia abruptamente su curso. Avulsión es lo opuesto a acreción.

Ayuda propia Esfuerzos de un propietario para subsanar un defecto sobre un arriendo sin procedimientos judiciales. Los arreglos de ayuda propia típicamente no son considerados un sustituto legítimo para un desalojo legal.

Azotea de Gambrel Un techo con dos cuestas en dos lados; la cuesta más baja es más escarpada que las secciones superiores.

Bajo contrato Período de tiempo durante el cual la oferta de un comprador para comprar una propiedad ha sido aceptada y el comprador es capaz de ultimar arreglos de financiación sin la preocupación de que el vendedor haga un trato con otro comprador.

Bajo rasante Cualquier estructura o parte de una estructura que está debajo de la superficie del suelo que la rodea.

Bancarrota La inhabilidad financiera de pagar deudas cuando son debidas. El deudor busca liberación mediante acciones legales que pueden modificarse o borran sus o sus deudas.

Banco Agrícola Federal Prestamistas especializados patrocinados por el gobierno. Realiza préstamos para la compra de tierras, refinanciamiento y trabajo de renovación sobre propiedades inmobiliarias rurales.

Banco de ahorros mutuos Instituciones de ahorros que no expiden ninguna acción y son mutuamente poseídas por sus inversionistas que son pagados con dividendos de ganancias y beneficios.

Banco de tierra Tierra comprada y mantenida para el desarrollo futuro.

Banco del suelo Tierra mantenida fuera de la producción agrícola en una tentativa por estabilizar los precios de los bienes disminuyendo el suministro y para promover la conservación de suelo.

Banquero de tierras Promotor que mejora la tierra cruda para propósitos de construcción y que mantiene un inventario de los lotes mejorados para propósitos futuros.

Banquero hipotecario Institución financiera que proporciona los préstamos para la vivienda usando sus propios recursos, vendiéndolos a menudo a inversionistas tales como compañías de seguros o Fannie Mae.

Base El interés financiero que el Servicio de la Renta Pública atribuye a un dueño de una propiedad de inversión con el fin de determinar la depreciación anual y la ganancia o la pérdida en la venta del activo. Si una propiedad fue adquirida por compra, la base del dueño es el coste de la propiedad más el valor de cualquier gasto en inversión de capital para las mejoras a la propiedad, menos cualquier depreciación permisible o tomada realmente. Esta nueva base es llamada la base ajustada.

Base aumentada Término de impuesto sobre ingresos utilizado para describir un cambio en la base fiscal de una propiedad. La vieja base fiscal es aumentada para reflejar el valor de mercado cuando una persona hereda la propiedad.

Base tributaria Valor decidido de toda la propiedad que recae dentro de la jurisdicción de la autoridad impositiva.

Beneficiario Un beneficiario es la persona que recibe o tiene derecho para recibir beneficios que resulten de ciertos actos. Un beneficiario puede ser una persona para quien un fondo opera. El término beneficiario también se refiere a un prestamista en un fondo de fideicomiso; persona a quien se le asigna el derecho de cobrar una deuda, un cheque o un pagaré; la persona a quien se le paga.

Beneficiario de fideicomiso Persona para quien es creado un fideicomiso.

Beneficiario de la pérdida Persona designada en una póliza de seguro como la que tiene que ser pagada en caso de que se dañe o destruya la propiedad. Un prestamista asegurado requiere, a menudo, que el prestatario tenga un seguro adecuado sobre la propiedad usado como garantía y exige al prestatario nombrar al prestamista como el beneficiario de la pérdida.

Beneficio fiscal Inversión que produce impuestos de ganancias posteriores más grandes que los anteriores. La inversión protege el ingreso generado fuera de la inversión sí misma.

Beneficio especial Beneficio que afecta a la parte no tomada de propiedad en una condenación parcial que es en provecho del propietario o que aumenta el valor de la propiedad no tomada. El valor de los beneficios especiales puede reducir una adjudicación de condenación al propietario.

Beneficios tributarios sujetos al impuesto minimo Tipos de ingreso o deducciones que son añadidas al ingreso bruto ajustado para calcular el impuesto mínimo alternativo (AMT).

Beta La medida de la volatilidad del precio de la acción ordinaria para una compañía en la comparación al mercado.

Bien de familia Tierra que es poseída y ocupada como el hogar de la familia. En muchos estados una porción del área o del valor de esta tierra es protegido o eximido de juicios por deudas.

Bien ganancial Propiedad que es adquirida por una pareja casada durante el curso de su matrimonio y es considerada en muchos estados como poseída en común, a menos que ciertas circunstancias estén presentes.

Bien inmueble Tierra y todo lo adjunto a ella; tenencia por debajo hasta el centro de la tierra y hacia arriba hasta el cielo; las actividades afectadas con la tenencia y transferencia de propiedad física.

Bien mueble Propiedad personal. El bien mueble es cualquier cosa poseída y tangible con excepción de propiedades inmobiliarias. Los muebles, los coches, la joyería, y la ropa son todos los ejemplos de bienes muebles.

Bien privativo Conforme a ley de bienes comunes entre los esposos, la propiedad poseída únicamente por cualquiera de los esposos antes del matrimonio, adquirida como regalo o por herencia después del matrimonio o comprada con fondos separados después del mismo.

Bien raíz Los intereses, beneficios y derechos inherentes a la tenencia de bienes inmuebles; la tierra y todo lo demás de naturaleza permanente que está fija a ella.

Bienes de manos muertas Transferencia de la propiedad inmueble a una iglesia, a una escuela o a una organización caritativa para la posesión perpetua.

Bienes relictos Cualquier propiedad inmueble o personal, tangible o intangible que pueda ser heredada.

Boleto de Compra Venta Escritura que no lleva con él ninguna garantía contra embargos preventivos u otros obstáculos pero el cedente tiene el derecho de transferir el título. El cedente puede agregar garantías a la escritura a su discreción. Un boleto de compra venta es uno en el cual el cedente supone tener un interés en la propiedad pero no ofrece ninguna garantía de libre deuda.

Bona fide En buena fe, sin fraude. Un contrato certificado ante un escribano es considerado como un contrato bona fide, puesto que una tercera persona ha verificado las identidades de los firmantes.

Bono de deuda Una pagaré sin garantía o un bono. Un bono de deuda, a diferencia de una hipoteca, no tiene un activo subyacente que sirva como seguridad para la deuda.

Bono de obligación Bono firmado por un deudor de cantidad superior a la del préstamo; sirve como un salvaguarda al prestamista contra el incumplimiento de pago de impuestos, primas de seguro o cualquier interés atrasado.

Brea Sustancia negra y espesa usada para reparar una entrada o calle o para reparar un techo.

Brecha Defecto en el tracto sucesorio de una parcela particular de una propiedad inmobiliaria; un documento que falta o un título.traslativo de.dominio que levantan duda en cuanto a la actual titularidad de la tierra.

Brecha de financiamiento Diferencia entre el precio de venta de una propiedad y los fondos disponibles para el potencial comprador para adquirir la vivienda. Un comprador potencial que puede arreglar financiar $80.000 para un hogar con un precio de venta de $100.000, está haciendo frente a una brecha de financiamiento de $20.000.

Brecha en título Una rotura en la cadena del título; cuando los expedientes no reflejan una transferencia a un cedente particular. Puede ocurrir si un cendente no puede registrar una escritura, o cuando los expedientes están incompletos.

Brochure Descripción impresa acerca de un negocio o inversión para incentivar el interés de inversores potenciales.

Buena consideración Consideración fundada en amor o afecto; encontrado generalmente en una escritura de donación. Sin embargo, en la mayoría de los casos, la buena consideración no se considera suficiente como para formar un contrato.

Bureau of Land Management La agencia del gobierno de Estados Unidos que supervisa la administración de la mayoría de la tierra poseida por el gobierno, específicamente parques nacionales y tierra sin desarrollar.

Búsqueda de impuestos y embargos Búsqueda de expedición del título para informar acerca de la propiedad certificada en el sistema Torrens.

Búsqueda del título Proceso de analizar todas las transacciones existentes en el registro público para determinar si cualquier defecto del título podría interferir con la transferencia limpia del dominio de la propiedad.

Búsqueda fiscal Parte específica de una búsqueda de título que determina si cualquier impuesto impago o gravámenes especiales crean un embargo contra la propiedad.

Caída de Precio Disminución en el valor de la propiedad causado por una acción pública (como una regulación de planificación) que crea resultados negativos.

Calculo de materiales Estimación de materiales necesarios para construir un edificio.

Cálculo diferencial de precio-tiempo Diferencia entre el precio de compra de una propiedad y el mayor precio que la misma propiedad costaría de ser comprada en cuotas. (Los gastos por financiación resultarían en un costo más alto.)

Calefacción solar Sistema natural de calefacción que utiliza la energía del sol para proporcionar calor a la casa o para calentar agua.

Calidad de aire interior Presencia (o falta) de agentes contaminadores en un edificio, tal como humo de tabaco, monóxido de carbono, radón y asbesto.

Calificación Repasar el crédito de un prestatario y su capacidad de pago antes de la aprobación de un préstamo.

Calificación crediticia El grado de aptitud al crédito que se le asigna a una persona basadondosé en su historia crediticia y su estado financiero actual.

Calle Calzada totalmente mejorada que sirve al tráfico local.

Cámara séptica Pozo negro que no es hermético y permite que los líquidos pasen al suelo circundante.

Cambio adverso de la condición financiera Precauciones en un contrato de préstamo que le permiten al prestamista cancelar el contrato si el prestatario sufre un gran revés financiero como la pérdida de un trabajo.

Camino Una calle, callejón u otra carretera establecida permanentemente para el paso de gente o vehículos.

Cantidad de daños Regla de la ley que especifica la cantidad máxima de daños que un demandante puede cobrar por un incumplimiento de un contrato u otro ilícito civil.

Cantidad total del préstamo Cantidad básica del préstamo más cualquier gasto de cierre adicional financiado.

Capa freática Nivel más alto en el cual se encuentra el agua subterránea normalmente en un área particular.

Capacidad de la tierra Capacidad de la tierra de manejar mejoras de trabajo y de capital.

Capacidad de las partes Un contrato válido requiere que todas las partes sean legalmente capaces para ingresar en un acuerdo. La capacidad de las partes es uno de los requisitos para un contrato válido y vinculante. Los menores de edad, los mentalmente insanos y las personas que están bajo influencia de drogas no son legalmente consideradas como para ingresar en un contrato.

Capaz Una persona que es financieramente capaz de completar una transacción de bienes raíces; esto no implica que la parte esté dispuesta o lista a hacerlo.

Capital Dinero utilizado para comprar activos a largo plazo. En términos de las propiedades inmobiliarias, el capital es efectivo - o la capacidad de transformar a un activo en efectivo. Una persona que no tiene suficiente capital no tiene bastante efectivo (o activos líquidos que se puedan transformar en efectivo).

Capital de promedio ponderado Parte de la ecuación que es usada para calcular el nivel de ingreso de la inversión, el aumento de valor y los rendimientos totales en una base trimestral.

Capital de sudor Expresión que describe las mejoras no monetarias que un propietario añade a una parte de la propiedad. Se refiere al trabajo realizado personalmente por el propietario o los propietarios.

Capital inicial Cantidad de efectivo que un constructor o un comprador debe tener en la mano para comprar la tierra y para pagar otros costos iniciales antes de desarrollar un proyecto.

Capital Privado Inversión en bienes inmuebles que a sido adquirida por una entidad no comercial.

Capital público Inversión en bienes raíces que han sido adquiridas por REITs y otras compañías operadoras de bienes raíces públicas.

Capitalización Proceso matemático para estimar el valor de una propiedad usando una tasa apropiada de retorno en la inversión y los ingresos operativos netos anuales esperados a ser producidos por la propiedad. La fórmula es valor igual a la renta anual dividido por tasa de capitalización.

Capitalización de mercado Medida del valor de una compañía que es calculado multiplicando el precio actual de las acciones por el número actual de acciones en circulación.

Capitalización de rendimiento Valor global de un flujo de ingreso sacado usando un método de flujo en efectivo rebajado o descontado. Utilizado en el la tasación de ingreso.

Capitalización escasa Proporción excesivamente alta de deuda en la estructura de capital de una corporación.

Carácter moral Capacidad de parte de la persona licenciada para servir al público en una manera justa, honesta y ética.

Cargo financiero Cantidad de interés a ser pagado en el saldo de un préstamo o de una tarjeta de crédito.

Cargo por apertura de préstamo Cobro al prestatario por el prestamista para hacer un préstamo de hipoteca. El cargo se computa, generalmente, como un porcentaje de la cantidad del préstamo.

Cargo por la solicitud de préstamo Honorario que los prestamistas cobran para cubrir los costos referentes a la revisión de la solicitud de un préstamo.

Cargo por mora Tarifa que es impuesta por un prestamista cuando el prestatario no ha hecho un pago cuando era debido.

Cargos de financiamiento Honorario de corretaje de hipoteca para cubrir los costos incurridos al colocar una hipoteca con una institución de préstamos.

Carta de Informe Breve informe de tasación limitado a las características, valuación y recomendación de la propiedad; informe de una compañía de títulos en cuanto a la condición del título en una fecha específica. Una carta de informe no da ningún seguro sobre ese título.

Carta de intención Acuerdo inicial que define los términos propuestos para cerrar del contrato.

Carta de patente Instrumento legal que transfiere el título de propiedad inmueble, perteneciente al gobierno o de propiedad personal a un individuo.

Carta de pre-aprobación Carta que un prestamista presenta que establece la cantidad de dinero que se está dispuesto a prestar al comprador potencial.

Carta de trabajo Adición detallada a un arriendo que delimita el trabajo de mejora a hacer por el propietario y especificando qué trabajo realizará el arrendatario con costos a su cargo.

Carta del título anterior: Carta que recibe el abogado de una pequeña compañía de seguros antes de examinar el título para propósitos de seguro.

Precontrato Un acuerdo que puede acompañar un depósito de dinero para la compra de la bienes inmuebles como muestra de la buena fe y de voluntad del comprador para completar la transacción. Un precontrato no es un contrato; representa una intención de firmar un contrato.

Carta de crédito Promesa de un banco o de otra parte de que el emisor cumplirá, con la letra de cambio u otras solicitudes, el pago sobre el cumplimiento con los requisitos especificados en la carta de crédito.

Carta de donación Carta proveída a un prestamista o a una agencia estatal reconociendo que el dinero que se utilizará, generalmente para una seña, es un donativo de un pariente o de un amigo y no lleva ninguna obligación de reembolso.

Carta de liberación Carta de un inspector licenciado de termitas que demuestra los resultados de una inspección de termitas. Muchos préstamos, incluyendo préstamos FHA y VA, requieren una carta liberación antes de aprobar una hipoteca.

Carta de reserva Carta de un prestamista a un contratista de un proyecto declarando que el prestamista reservará dinero para el contratista, induciendo a éste a terminar un proyecto.

Casa abierta Método de mostrar una casa para la venta donde la casa es dejada abierta para la inspección por las partes interesadas; típicamente un vendedor o agente inmobiliario están presentes.

Casa unifamiliar Casa anexada que no se considera como un condominio.

Casa de fraccionamiento Vivienda que tiene un estilo y plano de edificación similar a aquellas otras casas en un emprendimiento.

Casa de inquilinato Bienes que son permanentes y fijos; estructuras adheridas al suelo; unidades de apartamento más viejas.

Casa específica Vivienda para una sola familia construida anticipándose al encuentro de un comprador. Una Casa específica es construida por un contratista con las esperanzas de encontrar a un comprador y no debido a un contrato ya hecho con un comprador para construir la casa.

Caudal sucesorio Los activos totales, incluyendo la propiedad, de un individuo después de que ha muerto.

Caveat emptor Significado en latín de la frase "dejar al comprador estar atento." El comprador es responsable de examinar la propiedad o el artículo y es asumida la compra bajo su propio riesgo.

Cedente Persona que transfiere los derechos e intereses de una propiedad a otro.

Censo de contribuyentes Registro que contiene las descripciones de todas las parcelas de tierra (y sus dueños) localizadas dentro del condado.

Centro comercial Grupo de tiendas minorístas con un área de aparcamiento en común, por lo general contiene una combinación de tiendas por departamento, supermercados y tiendas de venta al por menor y de alimentos.

Centro de compras regional Centro de compras de gran tamaño que contiene de 70 a 225 negocios y entre 300,000 y 900,000 pies cuadrados de espacio de compras.

Centro urbano Área urbana que se reconoce generalmente como parte residencial o comercial central de una ciudad.

Cerca de rencor Cerca que es erigida de una altura o tipo diseñada para molestar a un vecino. Algunos estados tienen estatutos que restringen la altura de las cercas para evitar la situación de cerca de rencor.

Cercha Tipo de construcción de techo que usa una estructura de vigas que dan soporte a la carga del techo y dejan amplios tramos entre los apoyos.

Certificado de dominio de venta fiscal Instrumento, similar a un certificado de venta, dado a un comprador en una venta fiscal. Ver también certificado de venta.

Certificado de impuestos Documento emitido a una persona como un recibo para pagar los impuestos adeudados sobre una propiedad poseída por un tercero, dando derecho a la persona a recibir una escritura de la propiedad si la misma no es cancelada dentro de un cierto período de tiempo.

Certificado de fin de obra Documento publicado por un arquitecto o un ingeniero que indica que una propiedad cumple todas las especificaciones enumeradas en los planes y los modelos originales. Muchos contratos de la construcción especifican que el pago final debe ser hecho cuando un certificado de fin de obra se ha firmado.

Certificado de elegibilidad (COE) Documento publicado por la Administración de Veteranos (VA) para verificar la elegibilidad de un veterano para un préstamo del VA.

Certificado de inundación Proceso de analizar si una propiedad está situada en una zona conocida de inundación.

Certificado de participación Cédula hipotecaria vendida por Freddie Mac para pagar sus compras de hipotecas. Los Certificados de participación pueden ser vendidos entre inversores de forma similar a como son vendidos los bonos.

Certificado de reducción Documento firmado por el prestamista indicando el monto requerido para pagar el saldo de un préstamo en su totalidad y saldar la deuda; usado en los procesos de liquidación para proteger los intereses tanto del vendedor como del comprador. También es llamado declaración de saldo.

Certificado de seguros Documento publicado por una compañía de seguros para verificar la cobertura. La mayoría de las instituciones de préstamos requieren un certificado del seguro que prueba que el prestatario esté llevando seguro adecuado para cubrir la propiedad sujeta.

Certificado de ocupación (CO) Documento escrito publicado por una agencia del gobierno o agencia de edificación local que establece que un hogar o un edificio es habitable después de cumplir con todos los códigos de edificación. Indica que el edificio está en cumplimiento con los requisitos de salud y edificación.

Certificado de título Declaración de la opinión sobre el estado del título a una parcela de bienes raíces basada en una examinación de expedientes públicos especificados; típicamente dado por un abogado después de la búsqueda de un título.

Certificado de transferencia Documento que permite al portador recibir pagos de cuotas e intereses del conjunto de hipotécas subyacentes.

Certificado de valor razonable (CRV) Tasación presentada por la Administración de los Veteranos (VA) que demuestra el valor comercial actual de una propiedad.

Certificado de venta Documento dado generalmente al comprador en una venta de ejecución de impuesto. Un certificado de venta no transfiere el título; es normalmente un instrumento que certifica que el portador recibió el título a la propiedad después de pasado el período de reembolso y que el portador pagó los impuestos de la propiedad en ese período interino.

Certificado del estado del veterano Documento que reciben los veteranos o los reservistas si han estado 90 días de servicio activo continuo (incluyendo tiempo de entrenamiento).

Cesión Transferencia y responsabilidades de una parte a otra. La parte original continua siendo responsable por la deuda si la segunda parte tiene mora, sin embargo. Un arrendamiento es un ejemplo de cession, porque le da a otro individuo el derecho de usar el espacio arrendado. Mientras que el locatario debe pagar la renta, el dueño es responsable por hacer los pagos por un préstamo.

Cesión de alquiler Transferencia de derechos para usar una propiedad arrendada de una parte a otra. Por ejemplo, un estudiante de universidad quien no necesita el apartamento durante los meses de verano puede ceder el alquiler a otra parte por ese período.

Cesión de la renta Contrato que cede las rentas del locatario de una propiedad al prestamista de la hipoteca en caso de mora. Algunos prestamistas requieren la cesión de la renta.

Cesión de terreno cesión de tierras públicas por el gobierno, generalmente para caminos, ferrocarriles o universidades agrícolas.

Cheque certificado Cheque que el banco libra sobre una cuenta del cliente en la cual el banco ha documentado su certificación. Un cheque de cajero se prefiere (y se requiere con frecuencia) en transacciones de las propiedades inmobiliarias, para el pago de las garantías bancarias.

Cheque de pago diferido Cheque con fecha de cobro posterior a la fecha en que fue librado. Un cheque librado el 25 de Mayo con fecha de 1 de Junio es un cheque de pago diferido.

Cheque de cajero Cheque que el banco libra con sus propios recursos en vez de los de la cuenta del depositante. El cheque de un cajero se prefiere (y se requiere con frecuencia) en transacciones de bienes raíces, porque el banco garantiza el pago.

Ciclo de vida Etapas del desarrollo para una propiedad: predesarrollo, desarrollo, arrendamiento, explotación y rehabilitación.

Cierre El acto final de procurar un préstamo y un título en cuales documentos son firmados por el comprador y el vendedor y/o su respectiva representación y todo el dinero y consideraciones cambian de manos.

Cierre de plica Acontecimiento en el cual todas las condiciones de una transacción de las propiedades inmobiliarias se han resuelto, y el título de la propiedad está transferido al comprador.

Citación Aviso legal de que un pleito ha sido presentado contra un demandado y que, a no ser que el demandado conteste la queja dentro de un período especificado de tiempo, una sentencia de rebeldía será dictada en su contra.

Circunvalación Camino curvado que tiene dos puntos de acceso del mismo camino.

Citación duces tecum Orden judicial para producir libros, registros y otros documentos.

Ciudad nueva Desarrollo grande, de uso-mixto diseñado para proporcionar residencias, lugares de compras, servicios y empleo. Construcción de una comunidad en un área previamente subdesarrollada bajo plan central.

Ciudad satélite Ciudad planificada en el camino de crecimiento natural de una ciudad cercana más grande diseñada para frenar el crecimiento urbano desorganizado hacia a los suburbios y complementar y ayudar la extensión de la ciudad más grande.

Clase "A" Clasificación usualmente asignada a las propiedades que generarán el alquiler máximo por pie cuadrado, debido a la calidad superior y/o a su ubicación.

Clase "B" Clasificación usualmente asignada a una propiedad que la mayoría de los arrendatarios potenciales encontrarían deseable pero carece de ciertas cualidades que darían lugar a alquileres máximos por pie cuadrado.

Clase "C" Clasificación usualmente asignada a una propiedad que es físicamente aceptable pero ofrece pocas amenidades; consecuentemente el alquiler por pie cuadrado será bajo.

Clase Protegida Grupo de gente designada por el Departmento de Vivienda y Desarrollo Urbano (HUD) en consideración de la legislación de derechos civiles federales y estatales. Actualmente incluye minorías étnicas, mujeres, grupos religiosos, lisiados, y otros.

Clases mayores Clases de valores que tienen la prioridad más alta para recibir pagos de los préstamos de hipotecas precedentes.

Clases subordinadas Categorías que tienen la prioridad más baja de recibir pagos de préstamos de hipoteca.

Clasificación Figura que representa la calidad de crédito o el valor crediticio de las garantías.

Clasificación tributaria Tasa en la cual un contribuyente paga el impuesto sobre el ingreso por encima de una cantidad determinada. Las tasas fiscales son estructuradas sobre una base graduada, con tasas que van aumentando tanto como aumentan los ingresos.

Cláusula adicional Enmienda o accesorio a un contrato; un apéndice.

Cláusula de aceleración Cláusula en el contrato que le da al prestamista el derecho a demandar inmediatamente el pago del saldo del préstamo si, por ejemplo, el prestatario genera mora en el préstamo. Otras precauciones podrían también desencadenar la aceleración, dependiendo de los términos del contrato original. Por ejemplo, el contrato del préstamo puede tener una cláusula de aceleración exigiendo el pago completo e inmediato de todo el saldo del préstamo si el pago está retrasado por más de 60 días.

Cláusula de aceleración de la hipoteca Estipulación que permite a un prestamista requerir que el resto del saldo del préstamo sea pagado en una suma global bajo ciertas circunstancias.

Cláusula de admisión de sentencia Permite que el fallo contra un deudor sin el acreedor tenga que iniciar procedimientos legales.

Cláusula de anulación Cláusula usada en arriendos e hipotecas que cancela un derecho especificado sobre la ocurrencia de cierta condición, tal como la terminación de una hipoteca una vez que se devuelva el préstamo de la hipoteca.

Cláusula de asunción Estipulación contractual que permite al comprador tomar responsabilidad del préstamo hipotecario del vendedor.

Cláusula de bloqueo Condición en un pagaré que prohíbe el saldo anticipado de un documento.

Cláusula de cancelación Previsión de un contrato que permite la terminación de la obligación si ocurren ciertas condiciones o acontecimientos. Por ejemplo, una cláusula de cancelación en un arriendo puede permitir que el propietario rompa el arriendo si él o ella vende la propiedad.

Cláusula de cesión Palabras en una escritura de transferencia que indican la intención del otorgante de transferir la propiedad en ese momento. Esta cláusula es redactada generalmente como "transferencia y autorización," "cesión," "cesión, negocio, y venta."

Cláusula de coaseguro Cláusula en las pólizas de seguro que cubren la propiedad inmueble y que requiere del asegurado mantener la cobertura del seguro contra incendios generalmente igual a por lo menos el 80 por ciento del coste de reemplazo real de la propiedad.

Cláusula de enajenación Cláusula en una hipoteca o escritura de fideicomiso que estipula que el saldo de la deuda garantizada se transforma inmediatamente en cuota y pagadero a la opción del prestamista si la propiedad es vendida por el prestatario. En efecto, esta cláusula previene que el prestatario ceda la deuda sin la aprobación del prestamista.

Cláusula de liberación Cláusula que otorga al dueño el privilegio de saldar una parte de la deuda de la hipoteca, de esta manera libera una porción de la propiedad de la hipoteca.

Cláusula de liberación parcial Previsión de una hipoteca que permite que parte de la propiedad comprometida sea liberada de la garantía en la deuda.

Cláusula de no alteración Acuerdo en los contratos de hipoteca sobre la renta que produce la propiedad que estipula la continuación de arriendos en el caso de ejecución del préstamo; prohíbe a los nuevos dueños desahuciar a los arrendatarios que tienen un arriendo existente y ejecutorio.

Cláusula de no asunción Disposición en un acuerdo de préstamo que prohíbe la transferencia de una hipoteca a otro prestatario sin la aprobación del prestamista

Cláusula de no competencia Disposición en un acuerdo de arriendo que especifica que el negocio del arrendatario es el único que puede funcionar en la propiedad en cuestión, de tal modo previniendo a un competidor que se mude en la puerta siguiente.

Cláusula de operación continua Previsión en el arrendamiento en un centro de compras que requiere que un local mantenga niveles mínimos de inventario, o más comúnmente, permanecer abierto durante ciertas horas.

Cláusula de paridad Previsión hecha sobre una hipoteca o escritura de fideicomiso y que estipula que todas las notas sean aseguradas por la misma escritura sin ninguna prioridad o preferencia.

Cláusula de participación fiscal Cláusula en un arriendo comercial que requiere que el arrendatario pague una parte de cualquier aumento en los impuestos o gravámenes que esté por encima de un año base y suma establecida.

Cláusula de rescisión Cláusula específica encontrada en los contratos de escritura que requiere que el vendedor devuelva todos los pagos de e comprador menos un valor de renta justo, si el comprador cesa los pagos.

Cláusula de renovación Cláusula en un contrato de alquiler que permite al locatario a extender el término del arrendamiento.

Cláusula de traslado Una condición en un arrendamiento que permite al dueño a mover al locatario a otra unidad de vivienda dentro del edificio.

Cláusula de subordinación Cláusula o documento que permite a una hipoteca registrada en una fecha posterior tomar prioridad sobre una hipoteca existente.

Cláusula del abuelo Un término usado para describir el concepto que una condición previamente permitida sigue siendo permitida a pesar de cambios en ley o requisitos. Una estructura construida antes de códigos de edificio puede no tener que ser actualizada; se considera una cláusula del abuelo.

Cláusula de ajuste Cláusula en un arriendo que prevé que el alquiler se aumentará en forma correspondiente según aumentos en los costos que el propietario deba pagar.

Cláusula de cesión Palabras en una escritura de transferencia que indican la intención del otorgante de transferir la propiedad en ese momento. Esta cláusula es redactada generalmente como "transferencia y autorización," "cesión," "cesión, negocio, y venta."

Cláusula de escape Disposición en un contrato que permite que una o más partes cancele todo o una parte del contrato si no ocurren ciertos acontecimientos. Por ejemplo, un comprador que no puede conseguir la aprobación para el financiamiento puede cancelar el contrato si una cláusula de escape apropiada se incluye en el contrato para la venta.

Cláusula de extensión Condición que prevé un acuerdo listado a ser automáticamente renovado hasta que las partes acuerden terminarlo. Raramente utilizado en la actualidad.

Cláusula de no acuerdo-no comisión Cláusula en un contrato de listado que estipula que una comisión debe ser pagada si, y solamente si, cuando un contrato esté aprobado.

Cláusula de reajuste Disposición en un arriendo que requiere que el arrendatario pague más alquiler basado en un aumento de costos.

Cláusula de recaptura Cláusula de un contrato que permite a la parte que otorga un interés o derecho a tomarlo de nuevo bajo ciertas condiciones. Una Cláusula de recaptura puede ser usada también para dar a un locatario de suelo el derecho de comprarlo luego de un período de tiempo.

Cláusula de reconocimiento Cláusula encontrada en algunas hipotecas y contratos que estipulan para la protección de los derechos de compradores de terrenos individuales en caso de cesación de pagos de la hipoteca del desarrollador.

Cláusula de rescate Cláusula en el acuerdo de préstamo que permite que un prestamista exija el reembolso total del saldo del capital en cualquier momento si las provisiones del préstamo no se resuelven; por ejemplo, un prestamista puede ejercitar la llamada de previsión si el comprador se retrasa sesenta días en los pagos.

Cláusula de responsabilidad Cláusula en un contrato donde una parte acuerda proteger a la otra parte contra demandas. Protege a la otra parte contra pleitos; por ejemplo, un dueño de una propiedad comercial puede incluir una cláusula de responsabilidad que los indemnice de las acciones tomadas por los clientes del arrendatario.

Cláusula del arrendatario más favorecido Disposición en un arriendo que le asegura al arrendatario que cualquier concesión negociada dada a otros clientes subsecuentes será ampliada a ese arrendatario también. Las cláusulas más del arrendatario más favorecido ayudan a los arrendatarios en los primeros tiempos de alquiler, porque esto asegura a los clientes que los arrendatarios retrasados no recibirán mejores términos.

Cláusula exculpatoria Disposición en una hipoteca que permite que el prestatario entregue la propiedad al prestamista sin responsabilidad legal personal por el préstamo.

Cláusula fiscal Cláusula en un arriendo que frena a un arrendador de pagar los impuestos de la propiedad por encima de una cierta suma.

Cláusula militar Disposición en algunos arriendos que permite que un arrendatario en servicio militar termine el arriendo en el caso de una transferencia, licencia o despliegue militar.

Cláusula "Pagadero-A-La-Venta" Una disposición en la hipoteca que establece que el saldo total es inmediatamente debido y pagadero si el deudor hipotecario vende la propiedad.

Cláusula Reddendum Cláusula en un transacción que reserva algo para el cedente.

Cliente La tercer parte a quien cierto servicio le es prestado.

Coacción Restricción o acción ilegal ejercida sobre una persona a través de la cual la persona es forzada a realizar un acto contra su voluntad; una obligación para hacer algo debido a una amenaza. Un contrato inscripto bajo coacción es anulable.

Cobertura extendida Seguro que cubre incidencias específicas no cubiertas normalmente por políticas estándares de los dueños de una casa. Por ejemplo, un dueño de una casa que vive al lado de un campo de béisbol puede obtener cobertura extendida para asegurar las ventanas contra el daño por roturas por impacto de pelotas.

Cociente final: Cálculo que los prestamistas utilizan para comparar el ingreso grueso mensual de un prestatario con su deuda total al determinar la aprobación de préstamo. Considera deuda de largo plazo existente.

Codicilo Suplemento o adición a un testamento, ejecutado con las mismas formalidades que un testamento que normalmente no lo revoca por completo.

Código de edificación Leyes dispuestas por el gobierno local con respecto al uso final de una propiedad. Estas leyes puede definir el diseño, los materiales usados, y/o los tipos de mejoras que sean permitidas. La nueva construcción o las mejoras deben satisfacer el código de edificación; la adherencia a los requisitos es determinada por los inspectores de construcción.

Código de ética Sistema escrito de los estándares para la conducta ética. Por ejemplo, se requiere que todos los Realtors® sigan un código del ética que define el comportamiento profesional.

Código de Normas de Construcción (UBC) Código nacional utilizado mayormente en los estados occidentales para regular las normas de edificación.

Código de rentas internas Ley aprobada por el Congreso que especifica cómo y qué renta o ingreso debe ser gravado y qué se puede deducir de la renta o ingresos imponibles.

Código Uniforme de Comercio (UCC) Codificación de derecho comercial, adoptado en la mayor parte de los estados, que intenta uniformar todas las leyes que se relacionan con transacciones comerciales, incluyendo hipotecas de bienes muebles y transferencias de bulto. Los derechos de garantía real en muebles son creados por un instrumento conocido como un contrato de garantía. Para avisar del derecho de garantía real, se debe registrar una declaración de financiación. El artículo 6 del código regula las transferencias de bulto - la venta de un negocio como un todo, incluyendo todos los accesorios, bienes muebles y mercancía.

Coefiente de Cochera por invitado El número de los espacios de estacionamiento asignados por cada unidad para el uso de invitados; utilizado típicamente en el planeamiento urbano de proyectos de alta densidad.

Coeficiente de constructibilidad Medida de los pies cuadrados brutos de una construcción comparada con los pies cuadrados de la tierra en la cual está situada. Los coeficientes de constructibilidad están limitados, a menudo, por los códigos de zonificación.

Cofirmante Un segundo individuo o parte que también firma un pagaré o un préstamo, de tal modo tomando responsabilidad por la deuda en caso que el prestatario primario no pueda pagar. Tipicamente un cofirmante no aparece en el título de propiedad o en la escritura.

Co-inversión Condición que ocurre cuando dos o más fondos de jubilaciones y pensiones o grupos de fondos de inversión comparten la titularidad de una inversión de bienes raíces.

Colateral Propiedad para la cual un prestatario ha obtenido un préstamo, de tal modo que asume el riesgo de perder la propiedad si el préstamo no se compensa según los términos del acuerdo del mismo.

Colindar Encuentro, junta o borde. Es la línea donde las propiedades separadas se tocan. Una propiedad también puede colindar con una ruta, servidumbre u otros puntos de referencia físicos.

Colocación privada Venta de una propiedad de manera que la convierte en exenta de las leyes de registración del SEC.

Columna húmeda Columna que contiene las líneas de fontanería.

Comercio sobre el capital Acordar en comprar bienes inmuebles y luego ceder el acuerdo de compra a otro comprador antes de que ocurra el cierre. También conocido como "vender el papel".

Comisión Pago a un corredor por los servicios prestados, por ejemplo en la venta o la compra de bienes raíces; generalmente un porcentaje del precio de venta de la propiedad.

Comisión de asunción Comisión que se le cobra al comprador asumiendo un préstamo existente por procesamiento de nuevos documentos y acuerdos.

Comisión de colocación Comisión cobrada por un agente de hipoteca por negociar un préstamo entre el prestamista y el prestatario.

Comisión de compromiso El honorario que un prestamista carga por la garantía de los términos especificados del préstamo, para ser honrados en un cierto punto en el futuro. La comisión de compromiso es requerida para trabarse en términos específicos sobre un préstamo a la hora de la solicitud.

Comisión del cien por cien Arreglo de comisión entre un agente de bienes raíces y un vendedor en el cual el vendedor recibe la comisión completa neta sobre ciertas ventas inmobiliarias; típicamente ocurre después de que cuotas especificadas han sido alcanzadas u honorarios administrativos han sido pagados al agente de bienes raíces.

Comisión de Planeamiento Grupo de ciudadanos designados por oficiales del gobierno local para llevar a cabo audiciones y enmiendas para ordenanzas de zonificación. También llamadas Junta de Planeamiento, Comisión de Zonificación o Junta de Zonificación.

Comisión de Valores y Bolsa (SEC) Agencia federal que supervisa la emisión y el cambio de valores públicos.

Comisión Federal de Comercio (FTC) Agencia federal que regula la publicidad y otras prácticas de promoción y ventas.

Comisión incentivo Una estructura de comsión donde la cantidad de la comisión se basa en el desempeño de los activos de propiedades inmobiliarias bajo gerencia.

Comité de inversión Cuerpo que lleva a cabo la supervisión de inversiones corporativas de pensión y desarrolla las políticas de la inversión para la aprobación de la junta.

"Como esta" Frase en un contrato de venta o de arrendamiento donde el comprador acepta la condición de las instalaciones, así como también la presencia de cualquier defecto físico. Las ventas "como esta" no proveen garantía al comprador. Si un propietario vende una casa "como esta", el comprador no puede demandar reparaciones a electrodomésticos, por ejemplo.

Comodidades Beneficios derivados de titularidad de la propiedad que no son monetarios. Por ejemplo, una casa en un barrio prestigioso es una propiedad con comodidades elevadas. Las comodidades pueden ser rasgos que incrementan el atractivo de una propiedad, como el agregado de instalaciones a medida o de dispositivos de calidad profesional.

Compañía de agua mutua Compañía del agua organizada para y operada los usuarios de agua en un distrito dado.

Compañía de plica Compañía neutral que sirve como una tercera parte para asegurarse de que todas las condiciones de una transacción de propiedad inmobiliaria están resueltas.

Compañía de responsabilidad limitada Forma de titularidad tratada como sociedad para propósitos de impuestos federales, con protección de responsabilidad limitada para los dueños.

Compañía de títulos Negocio que determina que un título de propiedad está libre y que proporciona seguros de título.

Compañía de traslado Compañía que contrata otras firmas para arreglar el traslado de un empleado de una ciudad a otra. Tipicamente maneja la venta de una casa y la compra de una nueva, junto con otros servicios relacionados a la mudanza.

Comparables Propiedades utilizadas en un informe de tasación que son sustancialmente equivalentes a la propiedad sujeta.

Compensación Reclamo que un deudor puede hacer contra un acreedor que reduce o cancela el monto que el deudor debe.

Compensación justa Cantidad que es justa para el dueño y el gobierno cuando la propiedad inmobiliaria es apropiada para el uso público a través de Dominio Eminente.

Competencia Principio de tasación que establece que los beneficios excesivos generan competencia.

Complicidad Relación mutua o sucesiva con los mismos derechos a una propiedad; una sucesión en los derechos.

Compra de arrendamiento 1- Compra de una propiedad inmueble, de consumación precedida por un arriendo, generalmente a largo plazo. Utilizado típicamente para propósitos de impuestos o de financiamiento. 2- Arriendo que da al arrendatario el derecho de comprar la propiedad en un precio acordado bajo ciertas condiciones.

Comprador calificado Individuo o empresa que está en el mercado y muestra alguna prueba de que es económicamente capaz de comprar una casa o propiedad dentro de una escala de precios específica.

Comprador inocente Parte que no es responsable de la limpieza de la propiedad contaminada. Se aplica a una parte que no sabía nada sobre la contaminación y tenía una investigación realizada antes de la compra.

Comprador listo, dispuesto y capaz Quien está preparado para comprar una propiedad en los términos del vendedor y está listo para realizar los pasos para consumar la transacción, capaz de una acción y dispuesto a llevar a cabo esa acción.

Comprador potencial Persona que está interesada en comprar.

Comprador subsecuente bona fide Persona que compra un interés en bienes raíces sin conocimiento efectivo o sin cualquier otro derecho superior en la propiedad.

Compromiso Acuerdo de un prestamista de hacer un préstamo con los términos dados por un período específico.

Compromiso de préstamo Acuerdo de un prestamista u otra institución financiera para hacer o asegurar un préstamo por una cantidad y términos especificados.

Compromiso firme Acuerdo escrito que un prestamista hace para prestar el dinero para la compra de la propiedad.

Compromiso total Cantidad completa de financiamiento que es prometida una vez que todas las condiciones especificadas han sido satisfechas.

Compromisos Futuros Acuerdos contractuales para realizar ciertos deberes financieros de acuerdo a las condiciones establecidas.

Concejo de equiparación impositiva Agencia estatal

que determina la equidad de exacción fiscal contra las propiedades.

Concesión Término utilizado para indicar una transferencia de propiedad. Una persona puede ceder la propiedad a otra persona en una escritura.

Concesión de mejora del arrendatario Cantidad de dinero especificada que el propietario contribuye hacia las mejoras del arrendatario.

Concesionario Persona que recibe una transferencia de propiedad inmueble de un cedente.

Conciliación Paso final en el proceso de tasación, en el cual el tasador combina los valores estimados recibidos de la comparación de ventas, costo y proyecciones de ingreso para llegar a un estimado final del valor de mercado de la propiedad.

Condición observada Método de tasación usado para comparar la depreciación. El tasador calcula una cantidad de depreciación total considerando el deterioro físico, la obsolescencia funcional y la obsolescencia externa.

Condicionamiento en el contrato Contrato en el cual la transacción depende del otro.

Condiciones de mercado Características del mercado incluyendo tasas de interés, niveles del empleo, demografía, tasas vacantes y tasas de absorción.

Condiciones especiales Condiciones específicas en un contrato inmobiliario que deben estar satisfechas antes de que un contrato sea considerado vinculante. Frecuentemente referido como contingencias.

Condominio Tipo de propiedad en la cual todos los dueños de la unidad poseen la propiedad, las áreas comunes y edificaciones en común, y tienen una propiedad única en la unidad de la cual ellos tienen el título.

Condotel Proyecto de condominio que implica los escritorios de registro, la ocupación de corto plazo, los servicios telefónicos y de alimento, y los servicios diarios de la limpieza, y funciona generalmente como hotel comercial aunque las unidades se poseen individualmente.

Conducto de Inversiones Hipotecarias en Bienes Raíces (REMIC) Vehículo de inversión que está diseñado para mantener un conjunto de hipotecas solamente para emitir múltiples clases de garantías respaldadas por hipotecas de una forma en la que se evita el doble pago de impuestos corporativos.

Conductos subterraneos Canales de piso que facilitan la colocación de líneas telefónicas y eléctricas; permite flexibilidad en el uso de edificios comerciales y de oficinas.

Confidencialidad Imposibilidad de revelar un hecho, con o sin la intención de encubrirlo.

Confiscación Pérdida de dinero o cualquier cosa de valor debido al fallo en el cumplir con un contrato; toma de una propiedad por el gobierno cuando la propiedad es usada para conducir un acto ilegal.

Conformidad Principio de tasación que sostiene que cuanto mayor es la semejanza entre las propiedades en un área, mantendrán mejor su valor. En general, la conformidad asume que una vecindad que es razonablemente similar en actividad social y económica dará lugar a que las propiedades alcancen su valor máximo.

Conjunto de derechos legales El concepto de la propiedad de terreno que incluye la propiedad de todas los derechos legales a la tierra; por ejemplo, posesión, control dentro de la ley y disfrute.

Consideración nominal Contraprestación que no tiene ninguna relación con el valor real de un contrato, usado para evitar revelar el valor verdadero de la propiedad transferida. Consideración solamente en nombre, sin relación al valor de mercado real.

Considerando Declaración definiendo la consideración involucrada en una transacción. Por ejemplo, una escritura no requiere de consideración para que el título sea transpasado, pero la mayoría de los expertos recomiendan incluir considerandos, especialmente para apoyar convenios, restricciones o promesas hechas en la escritura misma. Frecuentemente el considerando no es la real consideración eventualmente ofrecida.

Consorcio Institución, llamada fideicomisario, para tener y administrar de parte de otra persona, llamada beneficiario. Aquel que transfiere el consorcio es llamado fideicomitente.

Contéo de tráfico peatonal Estudio y análisis del número y tipos de personas que pasa por una ubicación en particular, determinando el poder adquisitivo de un área.

Constituir una sociedad Crear una corporación bajo las regulaciones del estado.

Contingencia Disposición o provisiones en un contrato que deben ser satisfechas para que el contrato sea considerado ejecutable. Por ejemplo, un comprador puede ofrecer un contrato que sea contingente hasta que el comprador encuentre un financiamiento de acuerdo a sus posibilidades;

si el financiamiento no se obtiene, el comprador puede retirarse del acuerdo sin penalización.

Contrapropuesta Nueva oferta hecha en respuesta una oferta recibida. Tiene el efecto de rechazar la oferta original, que no puede ser aceptada después de eso a menos que se restablezca por el oferente.

Contratar Acordar por escrito entre dos o más personas que tienen intereses distintos; acuerdo en el cual ambas partes se vinculan a obligaciones recíprocas.

Contratista Persona o compañía que contrata para proveer mercancías o servicios, generalmente en conexión con el desarrollo de una propiedad.

Contratista general Individuo principal o compañía contratada para desempeñar la construcción de un edificio o de un proyecto, además de las tareas individuales.

Contratista independiente Alguien que ha sido contratado para realizar cierta tarea pero que está sometido al control y a la dirección de otro solamente en cuanto al resultado final y no en cuanto a la manera en la cual se realiza la tarea. Distinto de un empleado, un contratista independiente paga todos los costos y Seguridad Social e impuestos sobre los ingresos y no recibe ninguna ventaja de empleado. La mayoría de los vendedores de propiedades inmobiliarias son contratistas independientes.

Contrato Promesa o conjunto de promesas legalmente ejecutorias que deben ser realizadas y para las cuales, si ocurre un incumplimiento de la promesa, la ley proporciona un remedio. Un contrato puede ser también unilateral, por lo cual sólo una parte está ligada a actuar, o bilateral, por lo cual todas las partes están ligadas legalmente para actuar según lo prescrito.

Contrato a costo más honorarios Acuerdo de un proyecto de construcción donde el contratista es provisto con una ganancia específica por sobre los costos reales de construcción. La mayoría de los propietarios de viviendas evitan estos contratos porque el contratista tiene muy pocos incentivos de mantener los costos bajos.

Contrato bilateral Un contrato donde cada parte promete funcionamiento. Por ejemplo, la venta de un hogar es un contrato bilateral; el vendedor promete transportar el hogar, y el comprador promete pagar un precio acordado.

Contrato de alquiler graduado Arriendo de el cual los pagos del alquiler comienzan en una tarifa baja fija pero aumentan a intervalos establecidos a través del período del arriendo. Los arriendos de alquiler graduados se utilizan a menudo para tentar a potenciales arrendatarios.

Contrato de arrendamiento Alquiler dado por una corporación que posee un edificio de apartamentos cooperativo a un accionista por el derecho del accionista de ser arrendatario de un apartamento individual.

Contrato de empleo Documento que indica el empleo formal entre el patrón y el empleado o entre el director y el agente. En el negocio de las propiedades inmobiliarias un contrato de empleo toma generalmente la forma de un acuerdo listado o de acuerdo de gerencia.

Contrato de fideicomiso Instrumento usado en algunos estados en vez de una hipoteca. El título legal a la propiedad se concede a uno o más administradores para asegurar el reembolso de un préstamo. El contrato de fideicomiso permite al prestamista recuperar la posesión en caso de mora.

Contrato de plazos Contrato para la venta de propiedades inmobiliarias a través del cual el precio de compra es pagado en plazos periódicos por el comprador, quien está en posesión de la propiedad aunque el título es conservado por el vendedor hasta una fecha futura, la cual puede que no sea hasta el final del pago. También es llamado un "contrato de escritura" o "artículos de acuerdo para la garantía de la escritura".

Contrato de plica Acuerdo entre un comprador, un vendedor, y el poseedor de la plica exponiendo los derechos y responsabilidades de cada uno. Un contrato de plica es celebrado cuando la seña está depositada en la cuenta de un corredor de plica.

Contrato de precio fijo Tipo de contrato de la construcción que requiere que el contratista general termine un proyecto de edificación por un coste fijo que está establecido generalmente de antemano mediante una oferta competitiva.

Contrato de tierra Contrato a plazos para la venta, el comprador recibe el título equitativo (un derecho a la posesión) y el vendedor conserva el título jurídico. Similar a un contrato por escritura.

Contrato de venta Acuerdo que tanto el comprador como el vendedor firman definiendo los términos de la venta de una propiedad.

Contrato ejecutado Acuerdo en el cual todas las partes implicadas han cumplido con sus deberes.

Contrato en fideicomiso Instrumento que concede al administrador bajo un fideicomiso de tierra plenos poderes para vender, hipotecar, y subdividir un paquete de propiedades inmobiliarias. El beneficiario controla el uso de estos poderes del administrador bajo las precauciones del acuerdo de confianza. Una disposición que permite que un prestamista ejecute la hipoteca sobre una propiedad en caso que el prestatario falte al pago del préstamo.

Contrato inaplicable Contrato que tiene todos los elementos de un contrato válido, pero aún así ninguna de las partes puede demandar a la otra para forzar el cumplimiento de éste. Por ejemplo, un contrato sin firmar es generalmente inaplicable.

Contrato oral Contrato verbal o acuerdo no escrito. Acuerdos no escritos para la venta o el empleo de bienes inmuebles no son generalmente ejecutables.

Contrato para la venta Documento legal que el comprador y el vendedor deben aprobar y firmar, detalla el precio y los términos de la transacción.

Contrato pendiente de ejecución Contrato bajo el cual sigue habiendo algo por hacer por uno o más de las partes.

Contrato por escritura Acuerdo para vender los bienes raíces por cuotas. El comprador puede utilizar, ocupar, y gozar de la tierra, pero no se le da la escritura hasta que todos o una parte especificada del precio de venta se haya pagado, generalmente en cuotas.

Contrato regular de arriendo Acuerdo de arriendo que especifica una cantidad de alquiler que debe ser pagada regularmente durante el término completo del arriendo. También llamado arriendo plano.

Contrato tácito Vea acuerdo tácito.

Contrato unilateral Contrato por un solo lado en el que una parte hace una promesa para inducir una segunda parte a hacer algo. La segunda parte no está legalmente obligada a funcionar; sin embargo, si la segunda parte acuerda, la primera parte es obligada a mantener la promesa.

Conservador Una persona designada por la corte para administrar los asuntos o las propiedades personales de un individuo que no es capaz de manejar esos deberes.

Consideración Eso recibido por el donante en el intercambio por su escritura; algo de valor que induce a una persona a entrar en un contrato.

Consentimiento informado Consentimiento a cierto acto que se es dado después de una divulgación completa y equitativa de todos los hechos necesarios para hacer una elección consciente.

Consentimiento irrevocable Acuerdo que no puede ser retractado o revocado.

Constante hipotecaria Cifra que compara un pago de amortización de hipoteca con el saldo pendiente de la hipoteca.

Construcción a medida: Una forma de arrendar propiedades, generalmente con propósitos comerciales, en la cual el propietario contruye según las especificaciones del locatario. El propietario paga por la contrucción y el locatario entonces ocupa las tierras y la construcción del locador, quien retiene la propiedad. La construcción a medida es utilizada frecuentemente por los arrendatarios que desean ocupar un edificio de cierto tipo pero no desean con poseerlo.

Construcción accesoria: Es una construcción usada para otro propósito además de la construcción principal en un lote. Por ejemplo, un garage o una construcción externa pueden ser una construcción accesoria. Típicamente no se refiere a una construcción separada usada para propósitos comerciales.

Construcción por encima del estándar Terminaciones o diseños especializados que han sido mejorados para alojar las necesidades del inquilino.

Consultor Corredor o banquero inversionista que representa a un propietario en una transacción y le es pagado un anticipo sobre los honorarios y/o por desempeño una vez que una transacción financiera o venta se ha cerrado; individuo o compañía que proporciona servicios a inversionistas institucionales, tales como definir políticas inversión en propiedades inmobiliarias, hacer recomendaciones a consejeros o encargados, analizar carteras existentes de propiedades inmobiliarias, monitorear y reportar el funcionamiento de una cartera y/o revisar oportunidades de especificadas de inversión.

Contribución Principio de tasación que establece que el valor de cualquier porción de una propiedad está determinado por cómo éste afecta el funcionamiento de toda la propiedad. Se considera que una propiedad es una combinación de características, cada una de las cuales agrega algo al valor total basado en su contribución a la misma.

Contribuciones del arrendatario Todos los gastos que son responsabilidad del arrendatario superiores a los pagos normales de alquiler. Los recortes de jardinería, de ser requerido según el arriendo, son considerados una contribución del arrendatario.

Control de alquiler Regulaciones estatales o del gobierno local restringiendo la cantidad de renta que los locadores pueden cobrar a los locatarios; designado para mantener el precio de arrendamiento asequible para los residentes.

Convenio Un acuerdo escrito entre dos o más partes en los cuales una parte o partes prometen realizar o no realizar específicos actos con respecto a una propiedad; encontrado generalmente en documentos de propiedades inmobiliarias como lo son escrituras, hipotecas, arriendos y contratos de venta.

Convenio de goce pacífico El convenio implicado por la ley por la cual un propietario garantiza que un arrendatario puede tomar la posesión de premisas arrendadas y que el propietario no interferirá en la posesión o el uso del arrendatario de la propiedad.

Convenio de restricción Cláusula en una escritura que limita la manera en que el bien inmueble puede ser usado.

Conversión Propiedad que cambia a una forma o uso distinto. Por ejemplo, un edificio de apartamento se puede convertir en condominios, o una residencia grande se puede convertir a un edificio de apartamento de arrendatarios múltiples.

Conversión a condominio Cambiar la pertenencia existente de una propiedad de alquiler a la forma de pertenencia de condominio.

Conversión equitativa Doctrina legal usada en algunos estados donde, bajo un contrato de venta, los compradores y vendedores son tratados como si hubiese ocurrido el cierre en que el vendedor tiene la obligación de cuidar de la propiedad.

Cooperativa También llamada coop. Las cooperativas son un tipo de propiedad de residentes múltiples de un complejo de viviendas, en el cual todos poseen participaciones en la corporación cooperativa que posee la propiedad y tienen derecho a ocupar un apartamento o unidad en particular.

Copropiedad Título propiedad tenido por dos o más personas.

Coprestatario Otro individuo que es responsable en común del préstamo y está en el título de la propiedad. Típicamente un co-firmante no está en el título a la propiedad.

Corporación Federal de Seguro de Depósitos (FDIC) Agencia federal independiente que asegura los depósitos en los bancos comerciales.

Corporación Federal de Seguros de Ahorro y Préstamo (FSLIC) Agencia estatal que asegura los depósitos de hasta $100.000 en ahorros y asociaciones de préstamo.

Corporación Fiduciaria de Resolución (RTC) Corporación del congreso establecida con el propósito de contener, administrar y vender instituciones financieras fallidas, y de este modo recobrar fondos de impuestos pagados.

Corporación foránea Corporación establecida bajo leyes de otro estado o país y no organizada bajo el estado en el cual se está haciendo un negocio. Una corporación registrada en Nueva York que hace negocios en Pennsylvania es considerada como una corporación foránea por las entidades en Pennsylvania.

Corporaciones sin fines de lucro Corporación formada con objetivos sin fines de lucro, como una organización caritativa, fraternal, política o comercial.

Cortafuego Tableros puestos entre los pernos o las viguetas para disminuir y retardar la extensión del fuego.

Cortesía a agentes La práctica de compartir comisiones entre agentes de ventas y agentes cooperativos.

Corredor asociado Corredor licenciado cuya licencia es tenida por otro corredor. El corredor asociado califica para ser corredor estatal pero aún así trabaja para y supervisado por otro corredor. Los Corredores asociados son también llamados corredores afiliados o corredor vendedor.

Corredor de venta Agente inmobiliario autorizado que encuentra o trae al comprador.

Corresponsal de préstamos Persona que negocia los préstamos para instituciones de préstamos convencionales u otros prestamistas. Los corresponsales, a menudo, revisan el préstamo para el prestamista y actúan como agentes cobradores.

Costo de adquisición El precio de compra, incluyendo todos los honorarios, que serán necesarios para obtener la una propiedad. El costo de adquisición es el costo total para el comprador de la propiedad.

Costo de operaciones Gastos regulares asociados con funcionamiento y gestión de una característica.

Costo de reposición Costo proyectado por los estándares actuales de construcción de un edificio que es equivalente al edificio que está siendo tasado.

Costo del ciclo de vida util En la administración de la propiedad, comparación de un tipo de material/equipo con otro, basado en el coste de compra y el coste de operación sobre su tiempo de vida útil previsto.

Costo directo Parte de una inversión de capital, aparte del coste literal de las mejoras, que podría ser deducible de impuestos en el primer año.

Costo ordinario y necesario del negocio Término fiscal que permite una deducción corriente para los gastos de negocio.

Un costo no razonable es aquel que no es necesario para gastos normales del negocio.

Costo de reproducción Costo de construcción a los precios corrientes de un duplicado exacto de una propiedad.

Costos externos Costos relacionados con la construcción que son gastados lejos del lugar de la construcción; la adición de un camino a una subdivisión es un ejemplo de un costo externo.

Costos fijos Costos que siguen siendo iguales a pesar del nivel de ventas o producción.

Costos de cierre Costos relacionados con la venta de bienes raíces incluyendo el préstamo, el título, y los honorarios de la tasación; no incluye el precio de la propiedad en sí mismo.

Costos directos Costos atribuidos a la construcción de mejoras de la propiedad.

Costos por mantenimiento de inventarios Costos incurridos por el propietario cuando inicialmente arrienda una propiedad y luego durante los períodos en la que está vacante.

Corporación Entidad legal apropiadamente registrada en la secretaria del estado. Una corporación puede tener responsabilidad limitada, vida perpetua, acciones de libre transferencia y administración centralizada.

Corporación Federal de Hipotecas de Préstamos para la Vivienda (FHLMC) También conocida como Freddie Mac. Compra hipotecas de las instituciones de préstamos, las combina con otros préstamos y vende las partes a los inversionistas.

Costos de cierre no recurrentes Honorarios que son pagados una sola vez para una transacción dada.

Costos preliminares Costos incurridos antes del comienzo real del costo principal. Un estudio de viabilidad es un costo preliminar, porque es realizado antes de que el proyecto comienze.

Corredor Una persona que sirve como mediador entre un comprador y un vendedor, típicamente por una comisión.

Corredor comercial Cualquier zona de tiendas que está compuesta de una fila de tiendas, pero no es lo suficientemente grande como para ser anclado por una tienda de comestibles o grandes almacenes; también conocido como mini centro peatonal.

Corredor de descuento Corredor que proporciona el servicio por una comisión más baja de lo que es típico en el mercado. Muchos corredores de descuento también cargan honorarios planos más que una base del porcentaje.

Corredor de hipoteca comercial Corredor especializado en solicitudes de hipoteca comercial.

Corredor industrial Corredor de propiedades inmobiliarias que se especializa en las propiedades inmobiliarias industriales.

Corretaje El negocio de ser un corredor; se refiere generalmente a la compañía o a la organización manejada por un corredor.

Costos estimados de cierre Valoración de los costos referentes a la venta de las propiedades inmobiliarias.

Costos indirectos Costos del desarrollo con excepción de los costos directos del material y del trabajo que se relacionan directamente con la construcción de mejoras.

Creaciones de Préstamo Automatizadas (CLO) Red electrónica para administrar solicitudes de préstamo a través de terminales de computadoras remotas ligadas a las computadoras de varios prestamistas.

Crédito Un acuerdo en el cual un prestatario promete repagar al prestamista en una fecha posterior y recibe algo de valor en intercambio.

Crédito abierto Préstamo que es extensible por incrementos hasta una cantidad máxima dólares, siendo el préstamo completo asegurado por la misma hipoteca original.

Crédito fiscal Cantidad por la cual el impuesto debido es reducido directamente.

Crédito rotativo Crédito que permite a un cliente tomar prestado contra una línea de credito predeterminada cuando compra bienes y servicios.

Cuadrado Área que mide 24 millas por 24 millas. También llamado cuadrilátero.

Cuadrilátero Área de tierra con forma de cuadrado, de 24 millas sobre cada lado, usado en el método de revisión rectangular del gobierno de descripción de la tierra.

Cuarentena de la viuda Período de tiempo después de la muerte de un marido en que una esposa puede permanecer en la casa de su marido difunto sin que se le cobre el alquiler.

Cuarto habitable Habitación utilizada con el propósito de vivienda; los cuartos de baño y los vestíbulos no se consideran cuartos habitables. Los cuartos habitables normalmente son los únicos cuartos contados dentro del número de cuartos en una casa.

Cuasi Término en latín para "como si", significando 'casi como' o 'similar a'. Un cuasi contrato es un documento similar a un contrato.

Cuenta de fideicomiso Cuenta bancaria separada de los propios fondos del agente, en la cual se requiere que el agente deposite todas las sumas de dinero recolectadas para los clientes. En algunos estados se la menciona como una cuenta de plica.

Cuenta de Mantenimiento Diferida (DMA) Tipo de cuenta que un prestatario debe financiar para prever el mantenimiento de una propiedad.

Cuenta de plica También llamada Cuenta de Confiscación. Una cuenta establecida por un prestamista de hipoteca o una compañía de servicio con el propósito de tener los fondos para el pago de artículos, tales como seguro de los dueños de una casa y contribuciones territoriales.

Cuenta de reserva Cuenta cuyos fondos deben ser depositados por el prestatario para proteger al prestamista.

Cuenta de retención Similar a una cuenta de plica; establecida para guardar los fondos para necesidades futuras referentes a una propiedad.

Cuenta por cobrar El monto que debe un deudor a un acreedor. Si un prestamista le hace un préstamo a 30 días a un deudor, el monto del préstamo es considerado pendiente.

Cuenta por pagar La cuenta debida a un acreedor por un deudor. Las transacciones en efectivo no resultan en cuentas a pagar; cualquier transacción donde las condiciones son ofertadas resultan en una cuenta por pagar. Por ejemplo, un préstamo de 30 días crea una cuenta por pagar para la persona que tomó el préstamo.

Cuenta separada Relación en la cual un patrocinador individual de sistema de jubilaciones acostumbra a conservar a un gerente de la inversión bajo una política indicada de la inversión exclusivamente para aquel patrocinador.

Cuenta separada de compañía de seguros Vehículo de inversión de las propiedades inmobiliarias ofrecido solamente por las compañías de seguro de vida, que permite a un fondo ERISA evitar de crear la renta imponible sin relación para ciertos tipos de inversiones de la propiedad y de estructuras de inversión.

Cumbrera Punto más alto en la construcción de un edificio. En algunos casos una rama de árbol es atada al punto más alto en un proyecto para significar la cumbrera.

Cuotas de la asociación de propietarios Cuotas mensuales que se pagan a la asociación de propietarios por mantenimiento y costos comunales.

Curso de agua Corriente de agua que sigue un curso regular o canal, por lo general posee orilla y lecho.

Custodio Individuo designado por la corte para supervisar y administrar los asuntos y propiedades personales de un individuo incapaz de esos deberes; por ejemplo, un niño huérfano.

Cupón de promedio ponderado Promedio, usando el saldo de cada hipoteca como el factor de ponderación, de las tasas brutas de interés de las hipotecas que son la base de un fondo **desde la fecha de emisión.**

Cupón segregado Título derivativo que consiste en el todo o una parte de la porción del interés en el préstamo o la seguridad subyacente.

Daños Cantidad recuperable por una persona que ha sido dañada de cualquier manera, incluyendo daño físico, daños materiales, o derechos violados, a través del acto o el defecto de otro. Por ejemplo, un propietario cuyo apartamento ha sido dañado por un arrendatario buscará daños monetarios.

Defectos estructurales Daño a una parte de una casa que afecta el empleo de la casa para objetivos de vivienda. Incluye el daño de desplazamiento de suelo no debido a un terremoto o inundación.

Daños de tsunami Daños causados por la acción de una ola gigante.

Daños verdaderos (y daños especiales) Los daños que son resultado directo de una equivocación, reconocible por una corte de justicia. Si una entrada a una propiedad es destruida, los daños verdaderos están reducidos al costo de cambio o reparación de la entrada; los daños especiales pudieron ser la pérdida de ingreso o negocios debido a la falta de una entrada adecuada a la propiedad.

Daños liquidados Cantidad predeterminada por las partes en un contrato como la indemnización total a una parte dañada

Daños triples Daños estipulados según el estatuto en ciertos casos; exige una triplicación de los daños reales.

Daños y perjuicios por separación Valor que proviene de una condena por la cual una extensión era una parte.

Damnificado El que sufre de una pérdida o injuria debido al infracción o negativa de derechos. También se puede referir a una parte injuriada que ha perdido los derechos personales o de propiedad.

DBA La sigla representa Hacer Negocios Como; se utiliza para identificar un nombre comercial o un nombre de negocio ficticio. Una compañía que usa la designación DBA no está procurando engañar o defraudar a los clientes.

De dos niveles Casa con un ala de un piso construida al lado o entre los niveles de un ala de dos pisos.

De pleno derecho Término que describe el modo en el cual los derechos y obligaciones pertenecen a una persona por la aplicación de las reglas establecidas por la ley, sin cualquier acto por parte de la persona. Los derechos que son dados por la posesión no pasan por contrato excepto por ley, haciéndolos sujeto a la operación de la ley.

Declaración Defensas formales hechas por un demandante en cuanto a los hechos que causaron sus acciones. Una declaración es también una declaración hecha fuera de la corte.

Declaración anual del deudor hipotecario Una declaración anual que prestatario datallando el saldo restante del capital y cantidades pagadas durante todo el año para impuestos e intereses. Usado por los acreedores hipotecarios para propósitos impositivos y para determinar el estado del préstamo.

Declaración de acuerdo Es lo mismo que el cierre; contabilidad detallada de dinero efectivo de una transacción inmobiliaria que muestra todo el dinero efectivo recibido, todos los gastos y créditos hechos y todo el dinero efectivo gastado como consecuencia de la transacción.

Declaracion de Aislación Requisito de los agentes de propiedades inmobiliarias, los constructores y los vendedores de casas nuevas de dar a conocer el tipo, el grueso, y el valor-R del aislamiento en la casa.

Declaración de compensación Declaración de un dueño o poseedor de un embargo detallando el saldo debido sobre los embargos existentes contra la propiedad que está siendo comprada.

Declaración de cierre Contabilidad detallada del efectivo de una transacción de bienes raíces que demuestra todo el efectivo recibido, todas las cargas y créditos hechos, y todo el efectivo pagado como resultado de la transacción.

Declaración de embargo preventivo Declaración de saldo impago de un pagaré asegurado por un embargo preventivo sobre la propiedad, más el estado de los pagos de interés, fecha de vencimiento y de cualquier demanda que pueda hacerse valer. La declaración de embargo preventivo también es llamada declaración compensada.

Declaración de financiación Documento requerido por el Código Comercial de Estandarización que establece un interés en los valores de un acreedor en propiedad personal.

Declaración de Impacto Ambiental Documentos legalmente requeridos que deben acompañar a las ofertas de proyectos importantes donde habrá probablemente un impacto en el ambiente circundante.

Declaración de liquidación Documento firmado por un prestamista indicando la cantidad requerida para pagar el préstamo en su totalidad y saldar la deuda; usado en los procesos de liquidación para proteger los intereses tanto del comprador como del vendedor.

Declaración de registro Conjunto de formularios que son llenados en una SEC (agencia estatal apropiada) respecto a propuestas ofreciendo nuevas garantías o el listado de garantías pendientes en una transacción nacional.

Declaración de renta Informe financiero histórico que indica las fuentes y las cantidades de réditos, las cantidades de ingresos y ganancias o pérdidas. Puede ser preparado en base al acumulado o al efectivo.

Declaración de restricciones Serie de restricciones presentadas por una subdivisión o un condominio listando las reglas que los residentes deben seguir.

Declaración erronea inocente Aseveración errónea de un hecho, hecha sin el intento de engañar.

Declaracion Informativa Anual Forma especial de HUD que detalla todos los gastos a ser pagados por un prestatario y vendedor en conexión con el arreglo.

Declaración jurada del título Declaración escrita, hecha bajo juramento por un vendedor o cedente del inmueble y reconocido por un notario público, en el cual el cedente (1) se identifica a sí mismo e indica su estado civil, (2) certifica que desde la examinación del título, en la fecha del contrato no han ocurrido defectos en el título, y (3) certifica que él/ella está en posesión de la propiedad (si es pertinente).

Decreto Orden de una persona con autoridad; generalmente de la corte o de una agencia estatal.

Deducción del interés de la hipoteca Pérdida neta que el IRS permite a la mayoría de los dueños deducir de los pagos de interés anuales hechos sobre los préstamos de propiedades inmobiliarias.

Deducción marital Cantidad exenta de impuestos que una persona transfiere por voluntad a su cónyuge. Las leyes de impuestos actuales permiten que una cantidad ilimitada sea transferida sin impuestos del estado federal.

Defecto de título fuera de registro Defecto en el título de la propiedad inmueble que no es evidente desde un examen de registros públicos. Un documento registrado puede no transferir efectivamente el título si fuera falsificado o firmado por una parte incompetente, por ejemplo.

Defecto latente Defecto estructural oculto que no se podría descubrir por la inspección ordinaria y que amenaza con desperfectos o con la seguridad de los habitantes de la propiedad. Algunos estados imponen a los vendedores y licenciatarios la función de examinar y revelar los defectos latentes.

Defecto legal Cargo negativo contra una pieza de la propiedad tal como una violación de zonificación o una demanda por título fraudulento.

Demanda Cantidad de mercancías que la gente puede y está dispuesta a comprar a un precio dado; a menudo unido con la oferta.

Demandado Parte demandada en una acción en la ley. Si una parte demanda a otra, la parte que entabla el pleito (que presenta la demanda) es el demandante; la parte contra la cual se ha entablado el pleito es el demandado.

Demandante Persona que entabla una demanda; el opuesto a la defensa.

Densidad Intensidad de utilización del suelo. Por ejemplo, si una subdivisión tiene 20 hogares en un área de 20 acres, la densidad es una unidad de vivienda por acre.

Densidad de zonificación Ordenanzas de zonificación que restringen el número máximo promedio de casas por acre que se pueden construir dentro de un área particular, generalmente en una subdivisión.

Densidad estructural Proporción del área de la planta baja total de un edificio al área total de tierra de un lote. La densidad típica para una edificación industrial de utilidad general es aproximadamente 1 a 3.

Defecto oculto Defecto del título que no es obvio de revisión en los expedientes públicos. Un matrimonio secreto puede ser una causa de defecto oculto.

Desalojo implícito Ocurre cuando el propietario deteriora materialmente las instalaciones arrendadas, tanto que dificulta o impide el disfrute del locatario y hacen que el mismo se se vea efectivamente forzado a mudarse y terminar el contrato sin ninguna responsablidad por cualquier futura renta.

Desalojo real Proceso en que el arrendatario es físicamente alejado del inmueble arrendado.

Descripción legal Descripción de una parcela específica de propiedad inmobiliaria bastante completa para que un topógrafo independiente lo localice e identifique.

Departamento de vivienda y desarrollo urbano (HUD) Agencia estatal que pone en práctica programas federales de desarrollo urbano y de vivienda. Intenta asegurar vivienda decente, segura y sanitaria e investiga quejas de discriminación en cuanto a la vivienda.

Depleción Rebaja a una cuenta por el valor reducido de la tierra debido a la quita de minerales.

Depósito Estructura diseñada para el almacenamiento de inventario comercial.

Depósito También designado como Seña. Se refiere a los fondos que el comprador proporciona cuando ofrece comprar la propiedad.

Depósito de Seguridad Pago de un arrendatario, sostenido por el propietario durante el término de arriendo y guardado (total o parcialmente) por mora o por destrucción de la locación por parte del arrendatario.

Depreciación Declinación en el valor de la propiedad o de un activo, usado a menudo como un artículo deducible de impuestos.

Depreciación En tasación, una pérdida de valor en la propiedad debido a cualquier causa, incluyendo la deterioración física, la obsolescencia funcional, y la obsolescencia externa. En la inversión de propiedades inmobiliarias, deducción de gasto para propósitos de impuestos asumidos en el período de posesión de la renta de la propiedad.

Depreciación de componentes La depreciación de componentes implica dividir las mejoras de la propiedad inmobiliaria en varios componentes como la plomería, sistemas eléctricos y estructura de un edificio, y depreciando cada componente por separado para propósitos de impuestos. La depreciación de componentes fue eliminada por la Ley de Impuestos de 1981 para cualquier propiedad comprada después del año 1980.

Depreciación de línea directa Método de cálculo de la depreciación para razones fiscales, calculada dividiendo la base ajustada de una propiedad por el número estimado de años restantes de vida útil.

Depreciación externa Reducción en el valor de una propiedad causado por factores exteriores (aquellos que están fuera de la propiedad).

Depreciación remediable Depreciación o deterioro que puede ser corregido a un costo menor del valor que va a ser agregado. Por ejemplo, si una casa en una condición pobre puede ser rehabilitada por un costo de $30.000 que resultará en un valor agregado de $50.000, la depreciación es considerada remediable.

Derecho Ser acreedor de algo bajo la ley; la porción de un préstamo VA que protege al prestamista si el veterano omite los pagos.

Derecho de acrecer Opción que los supervivientes tienen que tomar sobre los bienes de un locatario conjunto fallecido.

Derecho de contribución Derecho de un individuo quien a cumplido con una responsabilidad común de recobrar su parte de otra parte responsable

Derecho de desbordamiento Derecho de inundar la tierra de otra persona, como un derecho temporal o permanente.

Derecho de extracción Derecho de tomar parte del suelo y de la producción de la de la tierra - derecho de tomar carbón, fruta, o madera, por ejemplo.

Derecho de ingreso o salida Opción de ingresar o salir de las instalaciones en cuestión.

Derecho de paso Derecho dado por un dueño a otro a pasar sobre la tierra o construir un camino sin transferir la propiedad.

Derecho de preferencia Derecho en un arrendamiento que otorga al locatario la primer oportunidad de comprar una propiedad o de arrendar espacio adicional al mismo precio y términos contenidas en la oferta de una tercera parte la cual el dueño a expresado la voluntad de aceptar.

Derecho de rescate Derecho de un dueño de propiedad deudor de recuperar la propiedad antes de su venta pagando los honorarios y cargas apropiados.

Derecho de rescisión Provisión legal que permite a un prestatario a cancelar ciertos tipos de préstamos luego de 3 días de que fueron firmados.

Derecho de retención específico Embargo preventivo que afecta o se adjunta sólo a cierta, específica parcela de tierra o propiedad.

Derecho de uso Derecho legal de ocupar una propiedad.

Derecho estatutario de recuperar los bienes Derecho de un dueño en mora para recuperar la propiedad después de su venta pagando los honorarios y gastos apropiados.

Derecho exclusivo al listado de venta Contrato listado bajo el cual el dueño designa a un corredor de propiedades inmobiliarias como su agente exclusivo por un período de tiempo señalado, para vender la propiedad en los términos indicados por el dueño, y acuerda pagar al corredor una comisión cuando la propiedad sea vendida, ya sea por el corredor, el dueño u otro corredor.

Derecho exclusivo de venta Contrato de empleo que da al corredor el derecho de cobrar una comisión en la venta de la propiedad por cualquier parte, incluyendo el dueño, durante los términos del acuerdo.

Derecho intangible Derecho sin desplazamiento en propiedades inmobiliarias; por ejemplo, una servidumbre o un derecho de paso.

Derecho sobre lo arrendado Manera de poseer el título de una propiedad en la cual el deudor hipotecario no posee realmente la propiedad pero tiene un arriendo a largo plazo en ella.

Derecho usufructuario Intereses que permiten el empleo de una propiedad que pertenece al otro.

Derechos aéreos El derecho a controlar, usar u ocupar el espacio que esté sobre una propiedad específica. Los derechos aéreos pueden ser vendidos, arrendados o donados a otra parte. Pero no son ilimitados; mientras el vuelo bajo de las aeronaves puede ser considerado como entrar sin autorización, el vuelo de altura no.

Derechos de subsuelo Derechos de propiedad en una parcela de bienes inmuebles al agua, minerales, gas, petróleo, etcétera, que yacen debajo de la superficie de la propiedad.

Derechos de superficie Derechos de propiedad en una parcela de bienes inmuebles que se limitan a la superficie de la propiedad y no incluyen el aire por encima de ésta (derechos de aire) o los minerales debajo de la superficie (derechos de subsuelo).

Derechos de viudedad Derecho o el interés legal, reconocido en algunos estados, que una esposa adquiere sobre la propiedad que su marido poseyó o adquirió durante su matrimonio. Durante el curso de la vida del marido el derecho es solamente una posibilidad de un interés; luego de su muerte puede convertirse en un interés en la tierra.

Derechos litorales Derecho de un propietario para utilizar el agua en lagos y océanos navegables, adyacentes a su propiedad; derechos de propiedad de los bordes de estas superficies de agua hasta la marca más alta de la marea.

Derechos minerales Privilegio de ganar ingresos de la venta de petróleo, gas y otros recursos valiosos encontrados en la tierra.

Derechos pluviales Derechos jurisprudenciales sostenidos por los propietarios de tierras adyacentes a ríos, lagos u océanos, incluyendo restricciones sobre la titularidad de aquellos derechos y tierra.

Desagüe Pequeños agujeros dejados en una pared para permitir el evacuación del excedente de agua.

Desalojo Acción para recuperar la posesión de la propiedad inmueble cuando no hay arriendo.

Desalojo parcial Situación donde la negligencia del propietario hace que parte de las instalaciones sean inusables por el locatario para los propósitos previstos en el contrato.

Desalojo vengativo Requerimiento de un dueño en el que ordena a un locatario a desalojar una unidad en respuesta a una queja del locatario acerca de la condicion del edificio. Tipicamente es ilegal si son tomados los canales apropiados para presentar una denuncia.

Desarrollador Quien intenta poner la tierra para su uso más provechoso a través de la construcción de mejoras. Una persona que crea una subdivisión es un empresario constructor.

Desarrollo del emplazamiento Puesta en práctica de todas las mejoras que son necesarias para un sitio antes de que pueda comenzar la construcción.

Desarrollo Planificado de Unidades (PUD) Tipo de posesión donde los individuos poseen realmente el edificio o unidad en la que viven pero hay áreas comunes que son poseídas conjuntamente con los otros miembros del desarrollo o asociación. A diferencia de un condominio, donde los individuos realmente poseen el espacio aereo de su unidad, pero los edificios y áreas comunes son poseidas conjuntamente con los otros en un desarrollo o asociación.

Desahucio Retiro legal de un inquilino de una parte de la propiedad.

Descargo de responsabilidad Declaración donde se rechaza la responsabilidad, o se abandona la posesión de la propiedad.

Descripción Representación formal de las dimensiones y localizaciones de una propiedad; sirve como ubicación legal para la escritura, la hipoteca, y los propósitos del arriendo.

Descripción de la tierra Descripción legal de una parte particular de las propiedades inmobiliarias.

Descuento Diferencia entre la cantidad nominal de una obligación y la cantidad dada o recibida.

Desembolso Hacer efectivo el dinero, por ejemplo cuando se origina un préstamo o cuando se concluye un negocio o una inversión. Los dineros dados al prestatario en un cierre son desembolsos.

Desintermediación Situación donde los depósitos se quitan de un intermediario financiero, como un banco y se invierten en otros activos para obtener rendimientos más altos.

Desgaste Deterioro físico de la propiedad como resultado del uso, desgaste y edad.

Desperdicio Empleo impropio o abuso de una propiedad por un poseedor que posee un nivel menor que el título de la propiedad, tal como un arrendatario, arrendatario de por vida, deudor hipotecario o comprador. Tal desperdicio generalmente perjudica el valor de la tierra o el interés de la persona que tiene el título o los derechos de posesión.

Deterioro físico Reducción en el valor de una propiedad resultante de un desmejoramiento de la condición física; puede ser causado por la acción de elementos o por el desgaste común.

Deuda Cualquier cantidad que una parte debe a otra; es una obligación de pagar.

Deuda al cociente de la renta Porcentaje de la cuota mensual de un prestatario en deudas a largo plazo dividido por su renta mensual en bruto.

Deuda convertible Una posición de la hipoteca que da al prestamista la opción de convertir a una posesión parcial o total de la propiedad dentro de un período especificado.

Deuda envolvente Deuda hipotecaria en la cual el valor nominal del préstamo exagera la deuda real; incorpora un acuerdo especial entre las partes para el pago del servicio de la deuda sobre la hipoteca existente. El prestatario paga al prestamista quien a cambio paga el servicio de la deuda por el préstamo existente. La deuda está asegurado por un pagaré y un documento de hipoteca. La cantidad del valor nominal de la deuda es la suma del saldo pendiente sobre la hipoteca existente más los fondos adicionales adelantados al prestatario por el prestamista, como consecuencia la deuda "envuelve" el préstamo existente.

Deuda híbrida Situación de una hipoteca que tiene participación, al mismo tiempo, de la liquidez y de la revolarización de la propiedad al momento de venta o de refinanciación.

Deuda Privada Hipotecas u otras obligaciones por las cuales un individuo es responsable.

Deuda sin aval Préstamo que limita las opciones del prestamista para cobrar al valor de las propiedades inmobiliarias en el caso de mora por parte del prestatario.

Deuda participante Financiamiento que permite al prestamista tener derechos de participación al capital a través de un incremento en el ingreso y/o valor residual sobre el balance del préstamo o su valor original al momento en que el préstamo fue entregado.

Deuda pública Hipotecas u otras deudas por las cuales una entidad comercial es responsable.

Deudas mensuales de la asociación Pago debido cada mes a una asociación de dueños de una casa por los costos referentes a las operaciones de mantenimiento y de la comunidad.

Deudor Persona obligada a pagar una deuda. El deudor es el contrario de un acreedor; Individuo o empresa que incurre en un compromiso legal al otro.

Deudor hipotecario Prestatario (persona que recibe el dinero) en una transacción de préstamo hipotecario.

Día festivo Días legalmente reconocidos o extensamente reconocidos en los que las oficinas del estado y federales, los bancos y las instituciones de préstamos no están típicamente abiertos para los negocios.

Día hábil Día normal para hacer negocios; excluyendo fines de semana y días de fiesta.

Dibujo esquemático Dibujos arquitectónicos y bosquejos

preliminares creados en la etapa de planificación de un proyecto; disposiciones básicas no que contienen detalles finales.

Difamación de título Ilícito civil en el cual una persona maliciosamente hace declaraciones negativas sobre el título de propiedad de otro individuo y así le causa daño a la otra parte.

Difunto Persona que ha muerto.

Diligencia debida Las actividades realizadas por un eventual comprador o de un deudor hipotecario de bienes inmuebles con el fin de confirmar que la propiedad está según lo representado por el vendedor y no está conforme a problemas ambientales u otros. Una persona que realiza una diligencia debida está haciendo un esfuerzo razonable, de realizarse bajo contrato, de proporcionar la información exacta y completa, y/o está examinando una propiedad para detectar la presencia de contaminantes o de defectos.

Dinero blando Dinero contribuido a un desarrollo o inversión que es deducible de impuestos; término utilizado para describir los gastos que físicamente no entran en la construcción, como el interés durante la construcción, honorarios legales y de arquitectura.

Dinero en efectivo a favor Dinero que queda después de recaudar los alquileres y de pagar los gastos operativos y pagos de la hipoteca. Si el dinero gastado es mayor que el ganado, habrá dinero en efectivo en contra.

Direcciónamiento Práctica ilegal de encauzar a buscadores de casa hacia áreas particulares para mantener la homogeneidad o cambiar el carácter de un área.

Diseño-construcción Propuesta en la cual un solo individuo o empresa es responsable del diseño y de la construcción de un proyecto.

Discreción Cantidad de autoridad que se concede a un consejero o un encargado para invertir y administrar el capital de un cliente.

Discriminación Aplicación de tratamiento especial, típicamente desfavorable, a un individuo debido a su raza, a su religión o su sexo.

Disfrute tranquilo Derecho de un dueño o cualquier otra persona que tenga legalmente el derecho a la posesión a usar una propiedad sin intromisión.

Disminución Disminución se refiere a una reducción de algún tipo. Por ejemplo, si la renta baja, esa reducción constituye una disminución. También a veces se refiere a una renta libre o a una ocupación temprana.

Dispersión urbana Término utilizado para describir un desarrollo de baja densidad en áreas suburbanas adyacentes a una ciudad principal. Los residentes de esas áreas típicamente viajan en forma diaria a la ciudad al lugar de trabajo o para compras.

Distrito central de negocios La sección céntrica de una ciudad, que generalmente consiste en negocios al por menor, oficinas, hoteles, entretenimientos y alta densidad de viviendas.

Distrito de preservación Distrito de zonificación establecido para proteger un parque, areas selvaticas, espacios abiertos, reservas de playas, miradores, areas históricas, bosques y campos de pastoreo.

Diversificación Acto de dispersar las inversiones individuales para aislar una cartera contra el riesgo de un rendimiento reducido o de la pérdida de capital.

Diversificación regional Bordes que son definidos basándose en líneas geográficas o económicas.

Dividendo Distribuciones del efectivo o acciones que los accionistas reciben.

División de honorarios Compensación compartida. En términos inmobiliarios, un agente puede, generalmente, sólo partir una comisión con el comprador o vendedor o con otro vendedor inmobiliario autorizado.

Divulgación Declaración escrita, presentada a un comprador potencial, que lista información relevante de una parte de la propiedad, ya sea positiva o negativa.

Doble tributación Impuestos de la misma renta en dos niveles. Por ejemplo, una corporación podría pagar impuestos sobre renta corporativa, después distribuye los dividendos a los accionistas que pagan impuestos sobre el dividendo de la renta. Esta situación se considera doble tributación.

Doctrina de apropiación Concepto de propiedad del agua en la que el derecho del propietario del terreno sobre el uso del agua está basado en un sistema de permisos administrados por el gobierno.

Documentos Papeles escritos o impresos.

Documentos de construcción Los dibujos y las especificaciones que un arquitecto y/o un ingeniero proporcionan para describir los requisitos de la construcción para un proyecto.

Documento en formato reducido Documento escrito que se refiere a un contrato y repite el hecho de que un contrato ha sido hecho entre dos o más partes.

Domicilio Lugar del cual un individuo hace su residencia principal.

Dominio absoluto Interés/participación en propiedades inmobiliarias sin una duración predeterminada. Un interés vitalicio se considera un estado de dominio absoluto porque no hay un límite de tiempo especificado de titularidad. Un arriendo no es un estado de dominio absoluto porque tiene un límite de tiempo especificado (la duración del arriendo.)

Dominio eminente Poder del gobierno de pagar el valor comercial justo por una propiedad, apropiándose de ella para el uso público.

Donación Transferencia voluntaria de la propiedad privada por su dueño al público para un cierto uso público, por ejemplo para las calles o las escuelas; dinero que un comprador ha recibido de un pariente o de otra fuente.

Donación causa mortis Término utilizado para referirse a una donación dada en anticipación a la muerte o para que tome lugar solamente en el acontecimiento de una muerte.

Dueño legal Parte que posee el título de la propiedad, aunque el título puede no tener derechos reales sobre la propiedad más que como un embargo preventivo.

Dueño ocupante Dueño de una propiedad que la ocupa físicamente.

Duplex Dos viviendas debajo de la misma azotea.

Duración de la tasa inicial Fecha especificada por la mayoría de los ARMs en la cual la tasa inicial expira.

Economía de la tierra Estudio económico que se concentra en las cualidades económicas de la tierra y la economía de la agricultura.

Edad legal Estándar de madurez sobre la cual una parte es legalmente responsable por los actos que realice. La edad legal para las transacciones de propiedades inmobiliarias es 18.

Edad verdadera Edad verdadera de una propiedad es su edad cronológica. La edad aparente se refiera al estado de la propiedad. Por ejemplo, una propiedad con una edad verdadera de 10 años puede tener una edad aparente de 20 años si no se le han realizado tareas de mantenimiento.

Edificio bajo Edificio que posee menos de cuatro pisos sobre el nivel del suelo.

Edificio de altura media Edificio que presenta de cuatro a ocho niveles sobre el suelo. En un distrito de negocios, los edificios de hasta 25 niveles se pueden considerar también como de altura media.

Edificio de apartamentos Unidad de residencia con una estructura multi-familiar, usualmente provista para rentar. Los edificios de apartamentos son usados usualmente unidades de residentcia multi-familiares con ambientes individuales pero con una entrada o vestíbulo compartido.

Edificio de oficinas Estructura usada principalmente para la gestión de negocios relacionados con administración, servicios administrativos, consulta y otros servicios al cliente no relacionados con la venta al por menor. Los edificios de oficinas pueden albergar solo una firma o firmas múltiples.

Edificio libre Estructura que no se une a otra estructura. Un garage separado se considera un edificio libre.

Egresos de capital Compra de activos a largo plazo, o ampliación de los existentes que prolonga la vida o la eficiencia de esos activos.

Ejecución Firma y entrega de un documento. También, la ejecución es una orden legal que manda a un funcionario hacer cumplir una sentencia contra la propiedad de un deudor; Procedimiento legal por el que la propiedad usada como garantía para una deuda es vendida para satisfacer la deuda en el caso de falta en el pago de la hipoteca o incumplimiento de otros términos del documento de la hipoteca. El procedimiento de la ejecución junta los derechos de todas las partes a una conclusión y pasa el título en la propiedad hipotecada al poseedor de la hipoteca o a una tercera parte que pueda comprar el bien inmueble en la venta de la ejecución, libre de todos los gravámene que afectan a la propiedad subsecuentes a la hipoteca.

Ejecución de una hipoteca judicial La ejecución de una hipoteca es el procedimiento generalmente usado por algunos estados, que es llevado a cabo en una corte civil.

Ejecución no judicial Proceso de venta de una propiedad bajo un poder de venta en una hipoteca o escritura fiduciaria que está en mora. Muchas empresas de seguro de título son reacias a expedir una póliza a no ser que un tribunal haya ejecutado judicialmente sobre los intereses del propietario.

Ejecutar Firmar un contrato; realizar un contrato completamente.

Ejecutor Individuo que se nombra en un testamento para administrar una herencia. "Ejecutora" es la forma femenina.

El tiempo es lo esencial Frase en un contrato que requiere el funcionamiento de un cierto acto dentro de un período de tiempo indicado.

Elementos comunes Partes de una propiedad que son necesarias o convenientes para la existencia, mantenimiento y de seguridad de un condominio o son normalmente de uso común de todos los residentes del condominio. Cada dueño del condominio tiene un interés de propiedad no dividido en los elementos comunes.

Embargo Acto de tomar la propiedad de una persona en custodia legal por orden judicial para mantenerla disponible para aplicaciones legales del acreedor de esa persona; El embargo es la confiscación legal de propiedad para el pago forzoso de una deuda; por ejemplo un locador puede embargar la propiedad personal de un inquilino para forzar que este pague rentas atrasadas.

Embargo al salario Proceso legal donde los acreedores son compensados por las obligaciones pendientes de cobro incautando una porción del cheque de cobro del prestatario. Las retenciones de salario pueden ocurrir, típicamente, sólo después de que ocurra un juicio.

Embargo bajo sentencia Demanda sobre una propiedad de un deudor que resulta de un juicio.

Embargo de escritura fideicomisaria Embargo sobre la propiedad de un fideicomitente que asegura una escritura de préstamo de fideicomiso.

Embargo fiscal Carga contra la propiedad creada por efecto de la ley. Los embargos y gravámenes fiscales tienen prioridad sobre todos los otros embargos.

Embargo general Derecho de un acreedor de tener toda la propiedad del deudor –inmobiliaria y personal- vendida para satisfacer una deuda.

Embargo hipotecario Embargo o carga sobre la propiedad de un deudor hipotecario que asegura las obligaciones subyacentes de la deuda.

Embargo mecánico Demanda creada para asegurar la prioridad de pago por el precio y valor del trabajo realizado y de los materiales proveídos para construir, reparar o mejorar un edificio u otra estructura.

Embargo preventivo Demanda sobre una propiedad puesta, haciéndola garantía del pago de una deuda, juicio, hipoteca o impuestos.

Embargo preventivo agropecuario: Embargo adelantado a un granjero para asegurar el dinero o reservas al levantar la cosecha. El embargo da valor sólo a la cosecha, no a la tierra en la cual se levanta la misma.

Embargo preventivo de impuesto federal Deuda anexada a una propiedad por los impuestos federales sin pagar. Utilizado típicamente por el IRS para embargar la propiedad como pago de los impuestos sobre la renta impagos por el dueño.

Embargo preventivo equitativo Documento jurídico que traba la propiedad pero no es técnicamente una hipoteca debido a la existencia de cierto error legal.

Embargo preventivo especial Embargo preventivo o cargo contra una parcela o parte de una propiedad; contrasta con un el embargo preventivo general, que es una carga contra toda la propiedad del deudor.

Embargo preventivo establecido por la ley Embargo preventivo impuesto sobre una propiedad por un embargo preventivo fiscal, por ejemplo - en contraste con un embargo preventivo de capital que proviene del derecho jurisprudencial.

Embargo preventivo menor Obligación, como puede ser una segunda hipoteca, que está subordinada en derecho o prioridad de embargo a un embargo preventivo existente sobre los mismos bienes raíces.

Embargo retentivo Derecho legal de un propietario de agarrar la propiedad personal de un arrendatario para satisfacer el pago del alquiler atrasado.

Emplazamiento Terreno listo para o subyacente a una estructura o desarrollo; ubicación de una propiedad.

Empleado Alguien que trabaja para un patrón y tiene estado de empleado. El patrón está obligado a retener impuestos sobre los ingresos e impuestos de Seguridad Social de la remuneración de los empleados. Un contratista independiente no es empleado.

Empresa derivada Transferencia de activos de una empresa a una filial recientemente formada.

Empresa unipersonal Posesión de un negocio sin entidad formal creada como una estructura de negocio; un propietario de negocio sin socios.

En construcción Período de tiempo que existe después de que la construcción de un edificio ha comenzado, pero antes de que un certificado de ocupación haya sido presentado.

Enajenación forzosa Acto de la agencia estatal de tomar la propiedad privada, sin el consentimiento del dueño, para el uso público a través del poder de dominio eminente.

Enajenación Acto de transferir la propiedad a un tercero. La enajenación puede ser voluntaria, como por un regalo o una venta, o involuntaria, como a través del dominio eminente o la prescripción adquisitiva.

Encapsulación Método de controlar la contaminación del medio ambiente aislando una sustancia peligrosa.

Endoso El acto de firmar su nombre, como el beneficiario, en la parte posteriora de un cheque o de una nota; ayuda o credibilidad de ofrecimiento a una declaración.

Enfoque de comparación de ventas Proceso de estimar el valor de una propiedad examinando y comparando las ventas reales de propiedades comparables.

Ensamblaje Combinar dos terrenos conlindantes creando uno mayor para aumentar el valor total.

Enriquecimiento injusto Cuando una persona ha recibido y conserva dinero o bienes que en justicia pertenecen a otro. Para recuperar el enriquecimiento injusto típicamente se requiere de un pleito.

Entidad Una persona o una corporación que son reconocidas por la ley.

Entrada cubierta Estructura con techo que se extiende desde la entrada de un edificio sobre una camino de entrada adyacente para dar protección a las personas que estan ingresando al edificio.

Entrega Transferencia de la posesión de un artículo (propiedades inmobiliarias incluidas) a otra persona.

Entrenamiento Estrategia en la cual un prestatario negocia con un prestamista para intentar reestructurar la deuda antes que ir a través de un procedimiento de ejecución hipotecario.

Entrepreneur Individuo que genera actividad económica; una persona d negocios; una persona que toma riesgos de negocio.

Entresuelo Piso intermedio entre dos niveles principales de una edificación o entre el piso y el techo de una estructura de un nivel.

Envenenamiento con plomo Enfermedad seria causada por altas concentraciones de plomo en el cuerpo.

Envoltorio mágico Procedimiento de hipoteca en el cual MGIC asegura una hipoteca y la vende en el mercado secundario cuando la hipoteca envuelve una hipoteca existente del VA o de FHA.

Epítome Extracto de título en forma de libro.

Erosión Desgaste gradual de la tierra por el agua, el viento, y las condiciones atmosféricas generales; la disminución de la propiedad por los elementos.

Error Equivocación no intencional hecha en la preparación de un contrato; puede ser corregido con el consentimiento de todas las partes sin anular el mismo.

Escasez Carencia de oferta de alguna materia o artículo; en términos inmobiliarios, la escasez de propiedades disponibles (oferta) tiende a conducir a un aumento de precios si el número de compradores es alto (demanda).

Escritura con garantía general Escritura en la cual el otorgante garantiza completamente que el título es válido y está fuera de sospechas. Utilizado en la mayoría de las transferencias de escrituras de propiedades inmobiliarias, una escritura con garantía general ofrece una protección más amplia que cualquier otro tipo de escritura.

Escritura de agrupación Escritura que contiene garantías que cubren el período de tiempo en que el cedente tiene el título.

Escritura de apoyo Escritura utilizada para el traspaso de la propiedad que especifica que el comprador apoyará al cedente por el resto de su vida. Si el apoyo apropiado cesa, los tribunales entonces no permitirán la escritura.

Escritura de donación Escritura para la cual la consideración es amor y afecto y no está implicada una consideración material.

Escritura de garantía Escritura que contiene un convenio en el que el cedente protegerá al cesionario contra cualquier y todo reclamo.

Escritura del fideicomisario Escritura ejecutada por un fideicomisario transfiriendo la tierra tenida en fideicomiso.

Escritura fideicomisaria Instrumento utilizado para crear un embargo de hipoteca por el cual el prestatario transfiere el título a un fideicomisario, que lo tiene como una garantía en beneficio del tenedor de la nota (el prestamista); también llamado un escritura de fideicomiso.

Escritura de garantía especial Escritura en cual el cedente justifica o garantiza el título sólo contra defectos que surgen durante el período de su tenencia y posesión de la propiedad y no contra defectos existentes antes de aquel tiempo, generalmente la frase "por, o bajo el cedente pero no de otra manera".

Escritura de liberación Documento que transfiere todos los derechos dados a un administrador bajo un préstamo de fondo de fideicomiso de vuelta al cedente luego de que el préstamo ha sido repagado en su totalidad.

Escritura de renuncia Documento escrito que libera una parte de cualquier interés que ellos puedan tener en una propiedad; en términos inmobiliarios, una transferencia por la cual el cedente transfiere cualquier participación que él o ella tenga en los bienes inmuebles, sin garantías u obligaciones.

Escritura de sheriff Escritura dada por un tribunal para efectuar la venta de una propiedad para pagar un juicio.

Escritura de transferencia Tipo de escritura donde el otorgante afirma que no han transferido previamente la propiedad a otra persona y la propiedad no está gravada excepto según lo ya observado en la escritura. Las escrituras de cesión son comunes en California.

Escritura de traspaso Documento jurídico que transfiere el título de propiedad del vendedor al comprador. El vendedor entrega una escritura de traspaso al comprador después de que se haya terminado la transacción (incluyendo el intercambio de fondos).

Escritura en lugar de ejecución de hipoteca Acto de dar una propiedad de nuevo al prestamista sin experimentar la ejecución de una hipoteca. Mientras que el resultado final es el mismo –el prestamista recupera la posesión de la propiedad-, son evitados el costo y las repercusiones de los procedimientos de la ejecución de una hipoteca.

Escritura maestra Escritura utilizada por un promotor inmobiliario de condominio para registrar un desarrollo de condominio. Divide una sola propiedad en unidades individualmente poseídas.

Escudo contra termitas Cubierta de protección metálica colocada en las paredes exteriores de una casa cerca del nivel del suelo para impedir a las termitas entrar en la casa.

Espacio abierto Sección de tierra o agua que ha sido dedicada al uso y goce público o privado.

Espacio contiguo Refiere a varias habitaciones o espacios en un piso (o pisos conectados) en un edificio dado que puede ser combinado y alquilado a un solo arrendatario.

Espacio de oficina inacabado Espacio en un edificio sin dividir paredes, iluminación, techos, aire acondicionado y otros servicios. Típicamente, un propietario arrienda el espacio inacabado después de suministrar artículos estándar o proporcionando una cantidad de concesión de construcción al arrendatario.

Espacio especulativo Cualquier espacio en una propiedad de alquiler que no ha sido arrendada antes del principio de construcción de un nuevo edificio.

Espacio de servicio Área de superficie en una propiedad hotelera que se dedica a actividades tales como restaurantes, clubes de salud y tiendas de regalos que prestan servicios interactivamente a gente y no se relacionan directamente con la ocupación de la habitación.

Espacio vacío Espacio estructural en un edificio que no ha sido desarrollado todavía.

Especulación Inversión u otra decisión cuyo éxito depende de un acontecimiento o cambio que no es cierto de ocurrir. Un desarrollador puede comprar tierra por un precio más alto que el de mercado basado en su especulación de que un cambio de zonificación ocurrirá, lo cual aumentará el valor de la propiedad.

Estado de ganancias y pérdidas Lista detallada del ingreso y de los gastos de un negocio, resultando en la posición opererativa (o ganancia o pérdida) de un negocio sobre un período de tiempo específico.

Estado del inversionista Posición en la que está un inversionista, cualquiera sea imponible y exento de impuesto.

Estado de pleno dominio Estado incondicional, ilimitado de la herencia en el cual el dueño puede disponer de o utilizar la propiedad según lo desee.

Estado financiero Documento que muestra ingresos y costos para un período contable, incluyendo activos, responsabilidades y capital desde un punto específico en el tiempo.

Estados de teoría de embargo preventivo Estados en los cuales sus leyes dan un embargos preventivos sobre propiedades a fecha segura. En un estado teoría del título, el prestamista se convierte en el dueño del título. En cualquier caso los prestamistas pueden ejecutar la hipoteca en el caso de cesación de pagos.

Estampilla federal de rédito Estampilla que, cuando está aplicada en un documento de transacción, indica el pago de un impuesto federal aplicado a la transacción. No se ha requerido desde 1968.

Estatuto Ley establecida según un acto de la legislatura.

Estimación de renta Proceso de estimación del valor de una propiedad que produce renta a través de la capitalización de la renta neta anual esperada a ser producida por la propiedad durante su vida útil restante.

Estrategia de inversión Métodos usados por un administrador para estructurar una cartera y seleccionar los activos de propiedades inmobiliarias para un fondo o una cuenta.

Estructura Cualquier mejora construida a un sitio; puede incluir edificios, vallas, garajes, cobertizos o edificios de servicios generales.

Estructura del acuerdo Tipo de acuerdo alcanzado al financiar una adquisición. La transacción puede ser una deuda apalancada o no apalancada, tradicional, deuda de participación, deuda convertible/participable, o una empresa de participación conjunta.

Estructura histórica Edificio que se reconoce oficialmente con una significación histórica y tiene un régimen especial de impuestos.

Estructuras de inversión Aproximaciones a la inversión que incluyen adquisiciones no apalancadas, adquisiciones apalancadas, deuda tradicional, deuda participativa, deuda convertible, arriendos con gastos a cargo del arrendatario y joint ventures.

Estudio Una unidad o apartamento de rendimiento.

Estudio de factibilidad Determinación de la probabilidad de que un desarrollo propuesto satisfaga los objetivos de un inversionista particular. Evalúa típicamente los costos, renta y el uso y el diseño más ventajosos.

Estudio de mercado Pronóstico de la demanda para cierto tipo de proyecto de propiedades inmobiliarias en el futuro que incluye una estimación del metraje cuadrado que podría ser absorbido y los alquileres que podrían ser facturado

Equidad de redención Derecho de un dueño de reclamar la propiedad antes de la venta en la ejecución de una hipoteca. Si el dueño puede reunir bastantes fondos para pagar el capital, el interés, e impuestos sobre la propiedad, él puede reclamar la propiedad antes de la venta en la ejecución de la hipoteca, aunque los procedimientos de la ejecución de la hipoteca puedan estar en curso.

Equifax Una de las tres principales oficinas de crédito y divulgación.

Equiparación impositiva Elevar o bajar los valores determinados para los propósitos de impuestos en un condado particular o zona fiscal para hacerlos iguales a los gravámenes de otros condados o distritos.

Equivalente del efectivo La conversión del precio de una propiedad que se vendió con financiamiento favorable o desfavorable en el precio por el cual la propiedad podría haberse vendido si el vendedor aceptaba todo el efectivo. Si el financiamiento es desfavorable para el vendedor, entonces el precio de venta que él recibió se reduce; si el financiamiento es favorable para el vendedor, entonces el precio de venta es ajustado hacia arriba.

Escala para amortización de activos (ADR) Regulaciones del IRS definen los estándares para determinar el período de tiempo sobre el que un activo puede ser amortizado. El ADR le da a los contribuyentes la opción de amortizar la propiedad sobre un período mas corto o mas largo que el estándar.

Escritura no registrada Escritura que transfiere el derecho de propiedad de un dueño a otro sin estar oficialmente documentada.

Esquema de amortización Cuadro o tabla que muestra el porcentaje que será aplicado al capital y el interés sobre la duración de la hipoteca y cómo el saldo del préstamo decrece hasta llegar a cero.

Estándar americano Estándar utilizado para la medición del espacio de oficina que puede ser ocupado por el inquilino para mobiliario y empleados.

Estándares de construcción Los elementos específicos de construcción que un dueño o desarrollador eligen utilizar para una construción. Los estándares de construcción ofrecidos a un arrendatario de una oficina; por ejemplo, pueden incluir los tipos de puertas, de techos, de accesorios, de alfombra y otras características.

Estimación del seguro de riesgo Valoración del seguro de riesgo, o seguro del hogar, que cubrirá riesgos físicos.

Espacio de reunión Espacio en hoteles que se pone a disposición del público para alquiler para reuniones, conferencias o banquetes.

Espacio futuro propuesto Espacio en un desarrollo comercial que se ha propuesto pero no está todavía bajo construcción, o las fases futuras de un proyecto polifásico que todavía no se ha construido.

Espacio libre Término usado para describir un área abierta sin obstrucciones. Por ejemplo, un almacén con un techo de 20 pies puede almacenar más artículos que un almacén con un techo 10 pies.

Espacio secundario Espacio que ha sido ocupado antes y se hace disponible otra vez para arriendo, tanto sea por el propietario o como un subarriendo.

Especificaciones Instrucciones detalladas proporcionadas en conjunción con los planos y las copias del plano de construcción. Las especificaciones frecuentemente describen los materiales a ser usados, dimensiones, colores, o técnicas de construcción.

Estacar Identificar las fronteras de una parcela de tierra colocando estacas o clavijas en la tierra. El estacar muestra las fronteras de la propiedad, pero no muestra la existencia de posibles usurpaciones.

Estacas en línea Estacas fijadas a lo largo de las líneas que delimitan una parcela de tierra.

Estimación de Buena Fe (GFE) Valoración o estimación del prestamista o del corredor que demuestra todos los costos asociados con obtener un préstamo para la vivienda incluyendo el proceso del préstamo, el título y los honorarios de la inspección.

Estrategia de salida Los inversionistas de una propuesta pueden utilizarla cuando desean liquidar todo o una parte de su inversión.

Estribo Columna colocada bajo la estructura para que soporte su peso.

Estricta responsabilidad Frase que significa que el propietario es responsable de la parte damnificada sin excusa.

Et al. Abreviatura que significa "y otras."

Et ux. Abreviatura que significa "y esposa."

Et vir. Abreviatura que significa "y marido."

Ética Sistema de principios y reglas morales que se convierten en estándares para la conducta profesional.

Evaluación / Valoración/ Cálculo El valor estimado de una parte de un bien mueble a un gravamen especial colocado, además de impuestos.

Evidencia de título Prueba de la titularidad de la propiedad; comúnmente un certificado de título, un extracto del título con la opinión del abogado, seguro de título, o un certificado de registro de Torrens.

Examen del título Inspección e informe de la compañía de un título de los expedientes públicos y de otros documentos con el fin de determinar la cadena de titularidad de una propiedad.

Excepción Artículo no cubierto por una póliza de seguro.

Exceso Cantidades a ser pagadas basadas en ventas brutas sobre el alquiler base en un arriendo.

Expensas Monto proporcional de gastos por arrendatario para el mantenimiento y operación de la propiedad.

Experian Una de las tres principales oficinas de reportes de crédito.

Expropiación Embargo de la propiedad privada para el uso público por una entidad con autoridad legal para hacerlo. Similar a la enajenación forzosa a través del dominio eminente.

Expropiación excesiva El tomar de más tierra que la que es realmente utilizada para cumplir con el propósito público de la enajenación bajo dominio eminente. La expropiación excesiva de la tierra se vende a menudo en una subasta en una fecha posterior.

Extensión Acuerdo entre dos partes de prolongar el período de tiempo especificado en un contrato. Ambas partes deben estar de acuerdo.

Extensión automática Cláusula en un acuerdo de listado estableciendo que el acuerdo continuará por un período específico de tiempo luego de su fecha de vencimiento. En muchos estados el uso de esta cláusula no es aconcejada o es prohibida.

Facilitador Intermediario entre un comprador y un vendedor, o propietario y arrendatario, que asiste a ambas partes en una transacción sin la representación de ninguno de ellos. También conocido como corredor de la transacción, coordinador de la transacción o corredor del contrato.

Fachada Pared delantera exterior de un edificio o de una estructura.

Factor de Circulación Espacio interior de una estructura que se requiere para la circulación interna de una oficina y no está incluido en la cantidad neta de pies cuadrados.

Factor de equiparación impositiva Factor (número) por el cual el valor determinado de una propiedad se multiplica para llegar a un valor para la propiedad que esté en línea con los gravámenes de impuestos estatales. El impuesto al valor sería basado en este valor ajustado.

Factura de venta Un documento jurídico escrito que transfiere la propiedad de la característica personal a otro partido. Una factura de venta no transporta el título de las propiedades inmobiliarias - se utiliza solamente para transferir propiedades personales.

Falsificación Acto ilegal de falsificar documentos o de hacer firmas falsas.

Fallo interlocutorio Orden judicial que no tiene efecto final hasta un momento especificado o hasta que ocurra un acontecimiento especificado.

Fannie Mae Asociación Federal Nacional de Hipotecas. Agencia cuasigubernamental establecida para comprar cualquier clase de préstamos hipotecarios en el mercado secundario de hipotecas de prestamistas primarios.

Fecha de ajuste Fecha en la cual la tasa de interés es ajustada para una Hipoteca con Tasa Ajustable (ARM).

Fecha de cambio de pago Fecha en la que la nueva cantidad de pago toma efecto en una ARM o GPM, usualmente en el mes próximo después de la fecha de ajuste.

Fecha de comienzo del alquiler Fecha en la cual el locatario empezará a pagar la renta.

Fecha de comienzo del arrendamiento Fecha en la cual los términos del arriendo se ponen en ejecución.

Fecha de entrega Fecha especificada en un contrato para cuando una edificación debe estar lista para su ocupación o cuando un comprador tiene la opción de rescindir el acuerdo.

Fecha efectiva Fecha en la cual la venta de valores puede comenzar una vez que la declaración del registro se hace efectiva.

Fecha legal Fecha en que una obligación se convierte en pagadera.

Fideicomisario de bancarrota Persona designada por el tribunal para conservar y manejar los activos de una parte en bancarrota.

Fideicomiso activo Fideicomiso establecido durante el curso de la vida.

Fideicomiso de hipoteca en Bienes Raíces (REMT) Un REIT que compra y vende hipotecas inmobiliarias más que otro tipo de propiedad. Las Fuentes de ingreso de un REMT son intereses, comisiones de origen y ganancias de la venta y compra de hipotecas.

Fideicomiso de tierras Fideicomiso originado por el dueño de la propiedad inmobiliaria en el cual el bien raíz es el único activo.

Fideicomiso en vida Arreglo en el cual el dueño de una propiedad, llamado el fideicomitente, transfiere activos a un administrador que asume deberes específicos en la administración de activos.

Fideicomitente Prestatario en una transacción de préstamo de escritura de fideicomiso.

Fiduciario Cualquier individuo que tenga autoridad sobre la dirección de un plan de administración de activos, o presenta la notificación paga de inversión con respecto a los activos de un plan.

Fijación de precio Intento ilegal de negocios competidores por mantener un cierto precio.

Financiación Pedir prestado el dinero para comprar una propiedad u otros artículos. Una hipoteca es un ejemplo de financiación.

Financiación de entresuelo Posición de financiamiento en alguna parte entre el capital y la deuda, significando que hay deudas de alta prioridad que están por encima y debajo del capital.

Financiación de honorarios divididos Forma de empresa conjunta en la cual el prestamista compra la tierra y se la arrienda al promotor inmobiliario. El prestamista también financia las mejoras hechas a la tierra.

Financiación de vendedor Instrumento de deuda tomado por el vendedor para proporcionar financiación a un comprador.

Financiación pos-construcción Compromiso de proporcionar financiación permanente después de la construcción de un proyecto planeado. Este compromiso está generalmente basado en condiciones específicas, tales como la terminación de un cierto número de unidades o la venta de un cierto porcentaje de las mismas. La mayoría de los prestamistas de la construcción requieren la financiación de pos-construcción.

Financiación subordinada Cualquier préstamo con una prioridad más baja que los préstamos que fueron obtenidos de antemano.

Financiamiento creativo Cualquier acuerdo de financiamiento que no sea una hipoteca tradicional por parte de una institución de préstamos. Pueden ser financiamentos creativos préstamos del vendedor, préstamos globo, hipotecas subordinadas y contratos de tierra.

Financiamiento de la transferencia Tipo de financiación en la cual un vendedor conviene en retener una nota por una porción especificada del precio de las ventas. Por ejemplo, un comprador sin los fondos disponibles para un anticipo puede arreglar para el 80 por ciento de la financiación de un prestamista primario, con el vendedor ofreciendo prestarle el otro 20 por ciento como financiamiento de la transferencia. El financiamiento de la transferencia en este caso es el embargo preventivo menor o secundario.

Financiamiento del dueño Transacción en la cual el vendedor de la propiedad acuerda financiar todo o parte de la suma del valor de la compra.

Financiamiento del vendedor Acuerdo en el cual el vendedor proporciona algo o toda la financiación para comprar una casa.

Financiamiento interino También conocido como préstamos puente o de cambio. Financiamiento a corto plazo que un vendedor utiliza para puentear la brecha entre la venta de una casa y la compra de otra.

Financiamiento permanente Préstamo a largo plazo, no es un préstamo a corto plazo como lo son un préstamo para construcción o un préstamo Puente.

Financiamiento secundario Hipoteca menor colocada sobre una propiedad para ayudar a financiar el precio de compra. La mayoría de los programas de préstamo del gobierno, como los préstamos FHA o VA, permiten una financiación secundaria con ciertas restricciones.

Financiamiento subyacente Primera hipoteca cuando una segunda hipoteca está presente.

Firma Empleo de un nombre escrito a mano sobre un instrumento para significar aceptación.

Firmante Persona cuyo nombre aparece firmado al final de un documento; el suscriptor.

Flex space Edificio que proporciona una configuración flexible de espacio para oficina o salón de muestras combinado con, por ejemplo, fabricación, laboratorio, almacén, distribución.

Flujo de caja negativo Situación en la cual el dueño de una propiedad debe hacer un desembolso de fondos para manejar una propiedad; situación donde el ingreso no cubre los gastos de explotación.

Flujo de fondos Renta neta de una inversión determinada deduciendo todos los costos de funcionamiento y fijos de la renta gruesa. Si los costos exceden la renta resulta un flujo de fondos negativo.

Flujo de efectivo neto Renta total generada por una propiedad de inversión después de que se hayan restado los costos.

Fondo abierto Tipo de fondo combinado con una vida infinita, siempre aceptando nuevos inversionistas de capital y haciendo nuevas inversiones en propiedad.

Fondo de amortización Fondo creado para recoger gradualmente el suficiente dinero como para pagar una deuda o cumplir con un requisito o costo específico.

Fondo de reserva Cuenta mantenida para proveer de fondos para gastos anticipados para el mantenimiento de un edificio. Los fondos de reserva son tipicamente guardados en plica.

Fondos Ajustados de Operaciones (AFFO): La tasa de desempeño del REIT o capacidad para pagar dividendos la cual es usada por muchos analistas quienes tienen preocupaciones sobre la calidad de las ganancias medidas por Fondos de Operaciones (FFO).

Fondo de inversión combinado Fondo reunido que permite a empleados calificados planes ventajosos para mezclar su capital para alcanzar la gestión profesional, mayor diversificación o posiciones de inversión en propiedades más grandes.

Fondo de Inversión Inmobiliaria (REIT) Propiedad en fideicomiso de bienes inmuebles por parte de un grupo de individuos quienes compran certificados de propiedad en el fondo, quien sucesivamente invertirá el dinero en propiedad inmueble y distribuye las ganancias libres de impuestos corporativos entre los inversores.

Fondo de reserva para reemplazo Dinero que es reservado para reemplazar propiedades comunes en un condominio, PUD o proyecto cooperativo.

Fondos de Operaciones (FFO) Coeficiente que es utilizado para destacar la cantidad de efectivo que la cartera de propiedades inmobiliarias de una compañía genera en relación a su flujo de fondos total de funcionamiento.

Fondo de recuperación Mantenido por la comisión de Bienes Raíces, un fondo para el que los licenciados contribuyen para usar en reembolsos a personas perjudicadas quienes son incapaces de recaudar por malos manejos de los agentes.

Fondo de Recuperación de Bienes Raíces Fondo establecido en algunos estados de la renta de las licencias inmobiliarias para cubrir denuncias de partes damnificadas, quienes hallan sufrido pérdidas monetarias por la acción de un licenciado de bienes inmuebles.

Fondos Disponibles para la Distribución (FAD) Rentas de operaciones, con los gastos de efectivo restados, que se puede utilizar para los costos de comisiones de arrendamiento y mejoras del arrendatario.

Fondos no discrecionales Fondos que se asignan a un encargado de inversión que debe tener la aprobación del inversionista para cada transacción.

Fórmica Nombre comercial para un material plástico usado principalmente para los encimeras.

Franquicia Arreglo entre quien otorga y quien recibe la franquicia a través del cual el franquiciado utiliza el nombre de compañía del concesionario y se le proporciona servicios específicos en cambio de un honorario. Los corretajes de las propiedades inmobiliarias pueden funcionar como franquicias de una compañía nacional.

Fraude Engaño prepuesto para hacer que una persona entregue la propiedad o un derecho legal.

Freddie Mac (FHLMC) Corporación Federal Hipotecaria de Préstamos para la Vivienda. Establecida para comprar sobre todo préstamos de hipoteca convencionales en el mercado de hipoteca secundaria.

Frente Porción de un lote a lo largo de un lago, de un río, de una calle o de una carretera.

Fructus industriales Cosechas anuales que requieren de cultivo; generalmente se consideran propiedad personal y no propiedad inmobiliaria. Las cosechas de maíz se consideran fructus industriales.

Fructus naturales Cosechas anuales que no requieren de cultivo; se clasifican generalmente como propiedad inmobiliaria. Los árboles se clasifican típicamente como propiedad personal.

Fuera de cierre Pago de ciertos gastos de cierre a alguien directamente, y no a través del proceso de cierre en sí mismo. Apuntado en las declaraciones de liquidación como POC.

Fuerza mayor Fuerza externa que no es controlada por las partes contractuales y no evita que conformen las provisiones del contrato.

Fuerza y efecto de ley Frase que se refiere al principio en que una regulación administrativa tiene la misma significación y peso legal que una ley o un acta de la legislatura.

Fuerzas del gobierno Factor de la tasación usada para evaluar controles y regulaciones del gobierno, los servicios públicos, los requisitos de división en zonas y los códigos de edificación. Las fuerzas del gobierno juegan una parte en la determinación del valor de una propiedad.

Funcionamiento específico Proceso legal para obligar a una parte a realizar los términos de un contrato.

Fundo dominante Inmueble que incluye en su propiedad el derecho accesorio de utilizar una servidumbre sobre la propiedad de otra persona para un propósito específico.

Fusión Unión de dos o más intereses, tales como negocios o inversiones.

Galería Área pública que conecta tiendas individuales en un centro de compras. Una galería es generalmente bajo techo.

Ganancia Incremento en dinero o en valor de propiedad. Sin embargo, una ganancia se observa solamente cuando se vende una propiedad.

Ganancia de capital a corto plazo Ganancia en la venta de un activo de capital retenido por menos de 12 meses. Las ganancias a corto plazo típicamente son gravadas con una tasa más alta que las ganancias a largo plazo.

Ganancia ordinaria Ganancia o beneficio para el cual el impuesto sobre ingresos debe ser pagado con tasas de ingreso ordinarias. Las ganancias a largo plazo tienen impuestos con una tasa más baja y, por lo tanto, no son gravados como una ganancia ordinaria.

Ganancia sobre el capital La cantidad de exceso cuando los ingresos netos de la venta de un activo son más altos que su valor contable. Si un comprador compra una propiedad por $200.000 y la vende después de tres años por $300.000 él o ella ha experimentado una ganancia sobre el capital de $100.000.

Garante Parte que hace de garantía; persona, que de buen grado, se obliga a la deuda o al compromiso de otra parte.

Garantía Acuerdo en el cual el garante promete satisfacer la deuda o las obligaciones de otro, si y cuando el deudor no pueda hacerlo; propiedad u otro activo que servirá como aval de un préstamo.

Garantía Promesa contenida en un contrato; promesa de que ciertos hechos indicados son verdaderos.

Garantía de cumplimiento Instrumento jurídico que garantiza la terminación de un proyecto según las especificaciones.

Garantía de cumplimiento de contrato Obligación que el contratista aplica para garantizar el cumplimiento total de un contrato en el que las ganancias serán usadas para completar el contrato o compensar al propietario por pérdidas en el caso que ocurran.

Garantía de ejecución Acuerdo de un seguro o compañía de fianza para ser responsable por ciertas omisiones posibles, deudas u obligaciones contraídas por una parte asegurada; en esencia, una póliza que asegura la integridad personal y/o financiera de alguien. En el negocio inmobiliario una garantía de ejecución generalmente se utiliza para asegurar que un proyecto particular será completado en una cierta fecha o que un contrato será realizado como fue establecido.

Garantía de fidelidad Seguro, comprado generalmente por un empleador, para cubrir a los empleados que se encargan de propiedades o fondos valiosos.

Garantía de los propietarios Tipo de póliza que los compradores de casas a menudo adquieren para cubrir reparaciones, tales como calefacción o aire acondicionado que dejen de funcionar dentro del período de cobertura.

Garantía de pago Título de garantía a través del cual un contratista se asegura por parte del propietario que el material y trabajo provisto en la construcción de un edificio será pagado en su totalidad y que no se pedirán embargos contra el propietario.

Garantía implícita de habitabilidad Una teoría en la ley de Locador/Locatario en la cual el propietario que alquila una propiedad residencial implica que la propiedad es habitable y apta para su uso previsto.

Garantías cruzadas Un grupo de hipotecas o de propiedades que aseguran en conjuntamente una obligación de deuda.

Gastos alternativos del arrendatario Gastos de remodelación o construcción necesarios para hacer que el establecimiento sea utilizable por un arrendatario particular. Los gastos pueden ser pagados por el arrendatario, por el dueño o por ambos, dependiendo del acuerdo alcanzado.

Gastos de procesamiento Cargo que algunos prestamistas cobran por reunir la información necesaria para procesar un préstamo.

Gastos de mantenimiento Cargo mensual a los miembros de la asociación de dueños de casa para la reparación y mantenimiento de áreas comunes.

Gastos de originación Cargo que la mayor parte de los prestamistas cobran con el objetivo de cubrir los gastos asociados con el arreglo del préstamo.

Gastos de reparación Gastos necesarios para facilitar una venta; pintura, instalación de una alfombra nueva o arreglos de jardín generalmente se consideran gastos de reparación.

Gastos fijos Costos que siguen siendo iguales sin importar la ocupación. El gasto del interés típicamente se considera fijo, mientras que los costes de electricidad se consideran variables porque por lo general cambian de mes a mes.

Gastos prepagados La cantidad de dinero que es pagada antes del vencimiento, incluyendo impuestos, seguro y/o tasación.

Gazebo Estructura pequeña, con un techo parcialmente adjuntado, en un parque o en un jardín.

Gestión de Activos Las variadas tareas que involucran la administración de bienes inmuebles desde el momento de la inversión inicial hasta que la propiedad es vendida.

Gestión de cartera Formular, modificar e implementar una estrategia de inversión en bienes inmuebles de acuerdo a los objetivos de inversión del inversor.

Ginnie Mae Asociación Gubernamental Nacional de Hipoteca. Agencia estatal que desempeña un papel importante en el mercado de hipotecas secundarias.

Gradiente Relación de aumento o disminución en la elevación de una superficie, de un camino, o de un caño.

Grado Elevación de una colina, un camino, una acera o una cuesta que muestra su inclinación desde el nivel del suelo. Expresado generalmente como un porcentaje del nivel de distancia: un gradiente de 10 por ciento se levanta 10 pies en cada 100 pies de la distancia llana.

Grado de inversión CMBS Títulos respaldados en Hipotecas Comerciales que tienen clasificación AAA, AA, A o BBB.

Grado de No Inversión CMBS También designado CMBS

de Alto Rendimiento. Títulos Respaldados en Hipotecas Comerciales que tienen grados BB o B.

Gravamen Cualquier cosa, como lo son una hipoteca, impuesto, o embargo preventivo, una servidumbre, una restricción en el uso de la tierra o una usufructo viudal que pueda disminuir el valor uso y disfrute de una propiedad.

Gravamén Impuesto Gravar, embargar o recaudar. Imponer un impuesto es evaluar una propiedad y fijar la tasa de los impuestos. Imponer una ejecución es embargar la propiedad de una persona para satisfacer una obligación.

Gravamen involuntario Embargo preventivo sobre una propiedad sin el consentimiento del dueño de la misma; un embargo mecánico es un ejemplo de un gravamen involuntario.

GRI Abreviación de Instituto de Realtors® Graduados. Denota a una persona que ha terminado cursos prescritos en ley, finanzas, la inversión, tasación y ventas.

Grupo brecha Término utilizado para referirse a los compradores de casas en el grupo de ingresos moderado que necesitan un cierto tipo de ayuda o de subsidio para calificar para financiamiento.

Grupo étnico Gente que pertenece a la misma raza, o que tiene una herencia en común de lengua, cultura o costumbres.

Habitable En condiciónes apropiadas para la ocupación humana.

Hall Cuarto pequeño usado como la entrada de un área de un patio o área de juego. Muchos halls contienen una lavadora y una secadora.

Hecho delictivo Perpetración de un acto que es claramente ilegal.

Hectárea Medida métrica de tierra igual a 2.471 acres o 107.637 pies cuadrados.

Heredero Alguien quien puede heredar una participación en la tierra bajo la ley del bienes de difunto cuando el dueño fallece sin dejar un testamento válido.

Herederos y cesionarios Los herederos son los receptores de la herencia de un dueño difunto; los cesionarios son sucesores en interés de una propiedad. Encontrado generalmente en escrituras y testamentos. Testar la propiedad a los herederos y cesionarios significa que la persona que recibe la propiedad puede entonces venderla o testarla a sus propios herederos.

Herencia Disposición del dinero o de la propiedad personal por un testamento.

Hiato Vacío en el tracto sucesorio; espacio que existe entre parcelas colindantes de tierra debido a una descripción legal defectuosa.

Hilera Una franja de terreno de seis millas de ancho, que va de este y oeste y numerado de norte y sur según su distancia de la línea base en el sistema de revisión rectangular (de gobierno) de descripción legal. También llamado una franja de ciudad.

Hileras de municipio Las líneas de municipio que forman franjas de terreno y son designadas por números consecutivos al norte o al sur de la línea baja.

Hipoteca Suma de dinero que se pide prestada para comprar una propiedad, usando ésta como garantía.

Hipoteca abierta Hipoteca que ha vencido o está en mora y está, por lo tanto, abierta la a ejecución en cualquier momento.

Hipoteca alternativa Préstamo de un hogar que no encaja con los términos estándares de de una hipoteca a tasa de interés fija. Un ejemplo sería hipotecas de tasa ajustable, préstamos reducibles, hipoteca de pagos graduados e hipoteca de valorización compartida.

Hipoteca asegurada Hipoteca que es garantizada por el FHA o por el seguro de hipoteca privado (PMI).

Hipoteca asumida Hipoteca que puede ser transferible a un prestatario diferente.

Hipoteca bisemanal Un plan de repago de hipoteca que requiere pagos cada dos semanas para ayudar a repagar un préstamo sobre una cantidad de tiempo más corta. Los pagos son exactamente la mitad de lo que sería una cuota mensual, pero al final del año el prestatario habrá hecho 26 pagos, o el equivalente de 13 cuotas, casusando que el préstamo se salde más rápido.

Hipoteca cerrada Préstamo de hipoteca cuya cantidad de capital no se puede aumentar durante el período del desembolso. La mayoría de las primeras hipotecas proporcionan el saldo completo en el origen del préstamo; no se desembolsarán ningunos fondos adicionales.

Hipoteca comercial Préstamo utilizado para comprar una pieza de propiedad comercial o de edificación.

Hipoteca con aumentos de interés Préstamo que permite un aumento gradual de la tasa de interés durante los primeros pocos años del préstamo.

Hipoteca con Cuenta Pignorada (PAM) Préstamo atado a una cuenta de ahorro pignorada para la cual los depósitos y los intereses ganados son usados para reducir los pagos de la hipoteca gradualmente.

Hipoteca con participación Préstamo hipotecario donde el prestamista tiene una participación parcial del capital de la propiedad o recibe una porción del ingreso por la propiedad – el prestamista participa en la ganancia en capital o en el ingreso de la propiedad.

Hipoteca con Tasa Ajustable (ARM) Préstamo para la vivienda con una tasa de interés que es ajustada periódicamente para reflejar los cambios en un medio financiero específico; típicamente esos cambios se basan en los cambios de las tasas de interés de los préstamos hipotecarios, pero los cambios también pueden ser ajustados según índices del gobierno o índices del mercado financiero. A diferencia de una tasa de préstamo fija, la tasa de interés del prestatario (y los pagos mensuales) puede cambiar periódicamente basada en los términos del préstamo.

Hipoteca con tasa ajustable convertible Un tipo de hipoteca que empieza como una ARM tradicional pero contiene una disposición que permite al prestatario cambiar a una hipoteca de tarifa fija durante cierto período del tiempo. No requiere la refinanciación del préstamo.

Hipoteca de anualidad reversa (RAM) Préstamo bajo el que un dueño recibe pagos mensuales basados en su capital acumulado mas que en una cantidad fija. El préstamo debe ser pagado en una fecha acordada previamente, o sobre la muerte del dueño, o sobre la venta de la propiedad.

Hipoteca de Apreciación Compartida (SAM) Préstamo de hipoteca en el cual el prestamista, a cambio de un préstamo con una tasa de interés favorable, participa en las ganancias (si hay alguna) que el prestatario recibe cuando la propiedad, tarde o temprano, es vendida.

Hipoteca de capital Línea del crédito ofrecida contra el capital de una vivienda. El capital es asegurado por una segunda hipoteca sobre la vivienda. También es llamada préstamo sobre el patrimonio de la vivienda.

Hipoteca de Conversión del Capital en la Propiedad (HECM) También designado como una hipoteca invertida o de anualidad reversa. Tipo de hipoteca en la cual el prestamista hace pagos al dueño, de ese modo le permite a los dueños más viejos de una casa convertir el capital de sus propiedades en efectivo en forma de cuotas mensuales.

Hipoteca de cuotas graduadas (GPM) Préstamo en el cual los pagos mensuales de capital e interés aumentan en cierto porcentaje cada año por un cierto número de años y entonces se nivelan por el tiempo restante del préstamo.

Hipoteca de dinero duro Hipoteca dada a un prestatario a cambio de efectivo más que una hipoteca asegurada por propiedades inmobiliarias. La promesa de una participación en el capital de una propiedad contra un préstamo se considera una hipoteca de dinero duro.

Hipoteca de dos pasos Una ARM con dos tasas de interés diferentes: una para los primeros cinco o siete años del préstamo y la otra para el periodo restante.

Hipoteca de participación en aumento (GEM) Préstamo en el cual las cuotas aumentan anualmente, con la cantidad creciente utilizada para reducir directamente el saldo de capital excepcional y acortar así el término total del préstamo.

Hipoteca de pago flexible Hipoteca con pagos que se permiten variar pero deben ser suficientes como para permitir la amortización (saldar la deuda) sobre el término de hipoteca. Las hipotecas de tasa ajustable son hipotecas de pago flexibles.

Hipoteca de pagos nivelados Hipoteca que requiere el mismo pago cada mes hasta la amortización completa. También llamada hipoteca plana.

Hipoteca de reducción directa Préstamo que requiere interés y capital, ambos con cada pago de modo que el nivel del pago sea adecuado para la amortización sobre el término del préstamo. Puesto simplemente, el total de todos los pagos mensuales de hipoteca satisfarán los términos del préstamo.

Hipoteca de rehabilitación Préstamo otorgado para reparar y mejorar una casa o edificio.

Hipoteca de tasa ajustable anual ARM para la cual la tasa de interés cambia cada año, generalmente basada en los movimientos de un índice publicado más un margen especificado.

Hipoteca de tasa fija Hipoteca con una tasa de interés que no cambia a lo largo de la duración de la hipoteca.

Hipoteca de tasa mejorada Préstamo que contiene una cláusula que autoriza a un prestatario a una única (y por una sola vez) reducción en la tasa de interés sin tener que refinanciar.

Hipoteca de Tasa Renegociable (RRM) Préstamo cuya tasa de interés es corregido a intérvalos específicos; sin embargo, esas correcciones no están atadas a un índice.

Hipoteca del 100%: Obtención del 100 por ciento del dinero necesario para adquirir o desarrollar un proyecto. Una persona con un financiamiento de la totalidad de su compra (sin ningún pago por adelantado) tiene una hipoteca del 100%

Hipoteca envolvente o conjunta Préstamo obtenido por un comprador para usar para el saldo restante sobre la primera hipoteca del vendedor, así como una cantidad adicional solicitada por el vendedor.

Hipoteca mobiliaria Prenda sobre la propiedad personal como garantía por una deuda. Una persona quien pide dinero usando joyería como un valor ha entrado en un hipoteca mobiliaria.

Hipoteca morosa Hipoteca en la cual el prestatario está atrasado en los pagos.

Hipoteca presupuestaria Una hipoteca que implica pagos que suman más que el interés y el capital; incluye típicamente adiciones para impuestos a la propiedad, seguro, u otros aranceles que, si no son pagados, podrían dar lugar a la ejecución de una hipoteca. Una hipoteca presupuestaria se utiliza comúnmente en VA, FHA, e hipotecas residenciales convencionales. Los fondos adicionales son sostenidos por el prestamista en una cuenta de fideicomiso hasta que se requiera el pago.

Hipoteca reducible: Tipo de préstamo para el hogar en el cual el prestamista recibe un pago más alto para convencerle de que reduzca la tasa de interés durante los años iniciales de la hipoteca.

Hipoteca reversa Tipo de hipoteca diseñada para personas con capital sustancial donde el prestamista hace pagos periódicos al prestatario; los pagos son tomados del equidad en la propiedad.

Hipotecar Prendar una propiedad como garantía para un compromiso o préstamo sin dejar su posesión.

Hipoteca secundaria Préstamo que es de prioridad más baja, detrás y después del préstamo primario.

Hipoteca súper gigante Término que clasifica un préstamo que está por encima de los 650,000 dólares para algunos prestamistas y más de 1,000,000 de dólares para otros.

Historia crediticia Expediente de un individuo que detalla sus obligaciones y desempeñoa financeros corrientes y pasados.

Hogar modelo Hogar representativo usado como parte de una campaña de ventas para demostrar el diseño, la estructura y el aspecto de las unidades en un desarrollo.

Hogar móvil Unidad de vivienda fabricada en una fábrica y diseñada para ser transportada a un sitio y ser anexada en forma semipermanente.

Hoja de saldo Declaración que enlista los activos, pasivos y patrimonio neto.

Hombre de paja Persona que compra la propiedad pero que es transferida a otro para ocultar la identidad del comprador eventual (testaferro).

Homogéneo Uniforme; de características o de calidad semejantes.

Honorario de financiamiento Honorario pagado para asegurar algunos tipos de protección de hipoteca, como el honorario pagado al Departamento de Asuntos de Veteranos por la Administración del Veterano para garantizar un préstamo del VA.

Honorario por adelantado Honorario pagado antes de que un servicio sea presentado. Por ejemplo, un agente de bienes raíces puede requerir un honorario por adelantado para cubrir gastos de publicidad asociados a anunciar la propiedad.

Honorario por servicio Acuerdo donde un consumidor le pide a un concesionario que realice servicios específicos de bienes raíces por un honorario fijado.

Honorarios basados en resultados Comisiones que reciben consultores o administradores que son basados en los retornos de inversores.

Honorarios de aprobación de crédito Honorarios que los prestamistas de hipoteca cobran por verificar la información de solicitud de un préstamo y por tomar una decisión final en la aprobación del préstamo.

Honorarios de Cierre Honorarios que el agente de plica recibe por cumplir las instrucciones escritas en el acuerdo entre el prestatario y el prestamista y/o el comprador y el vendedor.

Honorarios de depósito Honorarios por gastos de cierre que representan el costo del prestamista por retener temporalmente el préstamo de un prestatario antes de que sea vendido en el mercado de hipoteca secundaria.

Honorarios de tasación Honorarios cobrados por un tasador profesional por estimar el valor de mercado de una propiedad.

Honorarios por gestión de activos Tarifa cobrada a inversores basada en la cantidad de dinero que han invertido en bienes inmuebles. Los honorarios por gestión de activos son usualmente calculados en base a porcentaje.

Honorarios por preparación de documentos Honorario que los prestamistas, los corredores, y/o los agentes de liquidación cargan para la preparación de los documentos necesarios para el cierre.

Honorarios por servicios de impuestos Honorarios que son cobrados con el objetivo de establecer la supervisión de los pagos de impuestos de la propiedad del prestatario por un tercero.

Honorarios totales del prestamista Comisión que el prestamista requiere para obtener el préstamo, aparte de otros honorarios asociados con la transferencia de una propiedad.

HUD (Departamento de vivienda y desarrollo urbano) Agencia federal que supervisa una variedad de programas de desarrollo de la vivienda y de la comunidad, incluyendo el FHA.

Humedal Tierra normalmente saturada con agua. Los humedales típicamente son protegidos del desarrollo por la ley ambiental.

HVAC Calefacción, ventilación y aire acondicionado.

Idem Sonans Frase en latín para "sonar igual." Los nombres deletreados incorrectamente, por ejemplo, no anulan necesariamente un contrato.

Igualdad Dinero pagado por un co-arrendatario favorecido a otros miembros del arrendamiento donde hay una partición física de un arrendamiento en partes desiguales. Estos pagos son típicamente ordenados por un tribunal.

Iliquidez Efectivo insuficiente en mano para cumplir con operaciones. Las propiedades inmobiliarias generalmente se consideran ilíquidos porque es difícil convertirlas rápidamente en efectivo.

Iluminación indirecta Luz que se refleja del techo o de otro objeto externo a los enseres fijos.

Impedimiento Doctrina legal que impide a una persona de negar posteriormente hechos que una persona reconoció como verdaderos, y que otros tomaron como la verdad, en buena fé. Una persona que firma un contrato estableciendo que pagará $10,000 no puede luego sostener que pagará 5,000 bajo el impedimiento.

Impedimento de zonificación Norma que prohíbe al gobierno de hacer cumplir una nueva ordenanza edilicia contra un propietario que ya ha incurrido en gastos sustanciales, confiando en las garantías del gobierno de que él o ella han cumplido con todas las exigencias de zonificación antes de que la nueva zonificación tomara lugar.

Imperfección del título Se refiere a cualquier documento, demanda, embargo preventivo o gravamen que pueda deteriorar el título de la propiedad inmobiliaria o hacer el título dudoso. Una imperfección en el título es generalmente revelada por una búsqueda de título y quitada por una renuncia a la escritura o al título reservado; en un ciertos casos, sin embargo, las imperfecciones no se pueden quitar rápidamente.

Imponer Prohibir u ordenar el funcionamiento de un acto. Por ejemplo, un dueño de una casa puede pedir a la corte que imponga a un vecino que limpie su propiedad si está en un mal estado.

Impuesto Carga gravada por un gobierno sobre personas o cosa.

Impuesto a la propiedad Impuesto que debe ser pagado por la propiedad privada, no en propiedades inmuebles.

Impuesto a las donaciones Impuesto federal sobre una donación monetaria a un pariente o a un amigo. Una persona puede dar actualmente hasta $11.000 por año a otra persona sin la imposición federal del impuesto sobre la donación.

Impuesto de transferencia Monto especificado por la autoridad estatal o local cuando el dominio de una propiedad cambia de manos.

Impuesto de uso Impuesto cobrado al comprador o importador de una propiedad personal tangible.

Impuesto general a las propiedades inmobiliarias Impuesto que se compone de los impuestos cargados sobre las propiedades inmobiliarias por las agencias gubernamentales y los municipios.

Impuesto marginal Tasa ordinaria en el impuesto a las ganancias cargado sobre el último dólar de la renta; generalmente utilizado para estimar cálculos para decisiones de la inversión.

Impuestos Proceso por el cual un cuerpo público de gobierno o municipal recauda sumas de dinero para financiar su operación.

Impuestos a la propiedad Impuestos federales sobre la propiedad inmueble y personal.

Impuestos a la propiedad estimados Una valoración de los impuestos a la propiedad que deben ser pagados, según imposiciones fiscales del estado y del condado.

Impuestos de herencia Impuestos del Estado sobre la propiedad inmobiliaria y personal del difunto.

Inactividad promedio El número de meses que se anticipan entre el vencimiento de un arrendamiento y el comienzo del arrendamiento de remplazo bajo las condiciones de mercado corrientes. Si se espera que a una propiedad le lleve 3 meses ser arrendada luego de estar vacante, la inactividad promedio es de 3 meses.

Incompetente Persona no legalmente capaz de completar un contrato. Incluye a los menores de edad, a los mentalmente enfermos y a otros no considerados capaces por la ley.

Incompleto Inacabado; comenzado pero no terminado.

Incremento Aumento de cantidad o tamaño; comúnmente usado para referirse al desarrollo de grandes subdivisiones en fases.

Incremento no ganado Aumento del valor de bienes inmuebles sin relación al esfuerzo por parte del dueño - puede ser debido a un aumento de valores locales de propiedad, por ejemplo.

Incorporación por referencia Método de incluir los términos de otros documentos en otro documento simplemente refiriéndose a esos documentos.

Incubadora de empresas Parque o edificio industrial subdividido en unidades pequeñas para alojar pequeñas crecientes compañías que desean compartir el espacio administrativo, de oficina o de reunión.

Incumplimiento de contrato Violación de cualquiera de los términos o condiciones de un contrato sin excusa legal; por ejemplo, la falta de pago cuando es debido se considera un incumplimiento de contrato.

Indemnización compensatoria La corte da como ganandor a una parte perjudicada y castiga a la otra parte encontrada como culpable. La indemnización compensatoria no son los daños reales, los daños son los pagos a una persona por las pérdidas reales.

Indemnización del Seguro Seguro contra pérdidas de peligros específicos. El seguro contra incendios, por ejemplo, indemniza al comprador contra las pérdidas debido al fuego.

Indemnización por expropiación forzosa Una acción traída por un dueño de propiedad que busca la remuneración justa para la tierra tomada para el uso público cuando el tomador de la propiedad no se prepone traer procedimientos del dominio eminente. Se indemniza la propiedad porque su uso y valor han disminuido debido al uso público de una propiedad adyacente.

Indemnizar Proteger a otra persona contra pérdida o daño.

Índice Cuadro financiero que los prestamistas utilizan para calcular las tasas de interés sobre ARMs.

Índice ARM Número de publicación pública y que es es usado como base para ajuste a tasa de interés en una ARM.

Índice de calificación Medida que un prestamista usa para determinar cuánto está dispuesto a prestar a un comprador potencial.

Índice de cedentes y concesionarios Un expediente público que indexa a cedentes y concesionarios unos con otros, anotando las propiedades a las que estan relacionados.

Índice de cobertura de deuda Relación entre la ganancia neta de explotación y el servicio anual de la deuda. El coeficiente de cobertura de deuda se utiliza a menudo como un modo de evaluar una conveniencia de la renta de una propiedad para la aprobación de un préstamo.

Índice de costo de operación Relación matemática calculada dividiendo los gastos operativos por el ingreso bruto potencial. Mientras más alto sea el índice de costo de operacion, más bajo debe ser el alquiler.

Índice de endeudamiento Relación entre el nivel de la deuda y el nivel del patrimonio neto en una propiedad. Por ejemplo, una propiedad con una hipoteca de $100.000 y un patrimonio neto de $25.000 tiene un índice de endeudamiento de 4:1.

Índice de Precios al Cosumidor (IPC) Medida de inflación, referente al cambio en los precios de mercancías y servicios que son comprados regularmente por una población específica durante cierto período de tiempo.

Índice de valor de las ventas Proporción del valor tasado de una propiedad a su precio de venta. Una propiedad con un valor tasado de 80,000 dólares que se vende por 100,000 dólares tiene índice de valor de venta del 80 por ciento.

Índice de viabilidad económica Medida de viabilidad de una vivienda compilada por la Asociación Nacional de Agentes Inmobiliarios. El propósito de el índice de viabilidad económica es medir la capacidad de los residentes de un área para comprar casas en esa área.

Índice del certificado de depósito (CODI) Tasa basada en la tasa de interés de certificados de depositos de seis meses; utilizado a menudo como el índice para determinar las tasas de interés para los ARMs.

Índice del costo de los fondos (COFI) Índice usado para determinar los cambios en las tasas de interés para ciertos ARMs.

Índice del costo de vida Indicador del nivel del precio actual para mercancías y servicios relacionados con un año base. Refleja el aumento o la disminución del coste de ciertas mercaderías y servicios.

Índice del Tesoro Medida que es utilizada para obtener los cambios de la tasa de interés para ARMs.

Índice NCREIF de la Propiedad (NPI) Informe trimestral y anual que presenta componentes de renta y apreciación o aumento de valor.

Industria ligera Designación de zonificación que se refiere al uso industrial que abarca mayormente los negocios de fabricación ligera que no causan ruido, disturbios o contaminación de aire o agua.

Industria pesada Negocios que requieren propiedad suficiente para tener espacio para su función. Las fábricas, los molinos o las instalaciones de fabricación son considerados industria pesada. El ruido, la contaminación y el tráfico pesado de camiones son a menudo el resultado de la industria pesada.

Infamia moral Acto de bajeza, acción vil o depravación en deberes sociales privados; conducta contraria a la justicia, a la honradez o a la buena moral.

Inflación Reducción gradual del poder adquisitivo de la moneda, relacionado generalmente directamente con los aumentos en la fuente de dinero por el gobierno federal; la tasa en la cual los precios de consumo aumentan cada año.

Inflar Acción de emitir opiniones o comentarios exagerados.

Influencia indebida Persuasión lo suficientemente fuerte como para doblegar el libre albedrío del otro e impedirle tomar una decisión inteligente y voluntaria.

Informe de crédito combinado Informe que combina la información de las tres agencias primarias de reportes de crédito incluyendo Equifax, Experian y TransUnion.

Informe de la inspección Informe escrito sobre la condición de la propiedad presentado por un profesional licenciado de la inspección.

Informe de la Operación de Cierre HUD-1 También conocido como Declaración de Cierre u Hoja de Liquidación. Listado detallado de los fondos pagados al cierre.

Informe de tasación Reporte escrito presentado por un tasador acerca del valor de una propiedad; debe incluir una descripción y un resumen de el o los métodos usados para calcular el valor de una propiedad.

Informe de título Informe preliminar que indica el estado actual del título. No describe la cadena del título.

Informe narrativo Informe de tasación presentado en párrafos descriptivos, en comparación con una tasación presentada en forma, letra o formato de la tabla.

Informe Uniforme de Tasación Residencial (URAR) Forma convencional para la presentación de un informe de una vivienda. El URAR es requerido para compras de hipoteca secundaria principal e incluye listas de comprobación y definiciones impresas sobre la forma.

Informes de propiedad Documentos federales y estatales obligatorios compilados por sub-divisores y desarrolladores para proveer de datos acerca de la propiedad a compradores potenciales, antes de su compra.

Infraestructura Trabajos públicos básicos de una ciudad o una subdivisión, incluyendo los caminos, puentes, sistemas de alcantarilla, sistemas del agua pública.

Ingreso Derecho de entrar; salida es el derecho de salir.

Ingreso Bruto Efectivo (EGI) Renta total de la propiedad que generan la renta y otras fuentes después de restar un factor de vacante estimado para ser apropiado para la propiedad.

Ingreso no ganado Ingreso sacado de otras fuentes fuera de los servicios personales. El alquiler es un ejemplo de ingreso no ganado, los salarios no.

Ingreso medio HUD Ingresos promedio para las familias en un área particular, que son estimados por el HUD.

Ingreso pasivo Ingresos por rentas, regalías, dividendos, intereses y ganancias provenientes de la venta de valores.

Ingresos netos de operación establizados Ingreso esperado menos los gastos que reflejan las operaciones relativamente estables.

Ingresos por habitación disponible (RevPAR) La renta total de habitaciones en un período particular por el promedio de habitaciones disponibles en una instalación hotelera.

Inmueble arrendado Propiedad sujeta a un arriendo. En un arriendo, un apartamento es referido como local transferido.

Inquilino AAA Inquilino con excelente crédito que está considerado como poco probable de ser moroso en un contrato de arrendamiento. Mientras que un inquilino AAA no está considerado capaz de ser moroso, la realidad es que aunque considerados como AAA, no son garantía de que los pagos se hagan en forma puntual.

Inquilino ancla Negocio o individuo que que está sirviendo como atracción principal en una propiedad comercial. Por ejemplo, un gran departamento de ventas localizado en el fondo de un shopping center puede ser considerado como el arrendatario ancla del centro comercial.

Inquilino Persona que ocupa o posee tierras o viviendas por cualquier clase de derecho o título; llamado también arrendatario.

Inspección Escrutinio físico de una propiedad o de documentos.

Inspección de termitas Examen de una estructura por una persona calificada para determinar la existencia de infestación de termitas. La mayoría de los contratos de ventas requieren una inspección de termitas.

Inspección de vivienda Reconocimiento pre-compra hecha por un inspector certificado de la condición en la que una propiedad se encuentra.

Inspector de Vivienda Profesional certificado que determina la solidez estructural y los sistemas operativos de una propiedad.

Inspección final Inspección de una propiedad justo antes del cierre para asegurar al comprador que la misma está libre y no ha ocurrido ningún daño.

Instalaciones La tierra y lo que contiene; bien inmueble; el contenido en una transacción.

Instalaciones de espacio libre Tipo de edificio, generalmente un almacén o un garage de estacionamiento, que consiste en columnas verticales en los bordes externos de la estructura y espacios claros entre las mismas.

Institución financiera Compañía en el negocio de hacer préstamos, inversiones u obtención de depósitos.

Instituto Americano de Tasadores de Bienes Raíces: Organización profesional que promueve el comportamiento ético y profesional entre aquellos en la industria de la tasación de bienes raíces.

Instrucciones de la plica Documento que expone los deberes del agente de plica, así como los requisitos y las obligaciones de las partes, cuando una transacción es cerrada a través de una plica.

Instrumento Documento jurídico escrito creado para establecer los derechos y las responsabilidades de las partes hacia él.

Instrumento negociable Promesa escrita u orden de pago por una suma específica de dinero que puede ser transferida por endoso o entrega. El transferido entonces tiene el derecho al pago del beneficiario original.

Intensidad de utilización del suelo Medida del grado en el cual una parcela de tierra está desarrollada.

Inter vivos Durante la vida.

Intercambio Transacción en la cual todo o parte de la consideración es la transferencia de propiedad equivalente (propiedades inmobiliarias por propiedad inmobiliaria por ejemplo).

Intercambios con impuestos diferidos Transacción donde una propiedad es negociada por la promesa de proporcionar un reemplazo con una propiedad idéntica en el futuro cercano. Retrasando el cambio, la parte implicada puede diferir ganancias tributables con respecto a la propiedad original. También conocido como un impuesto de cambio libre o un intercambio 1031.

Intercambio diferido Transacción donde una propiedad se negocia con la promesa de proporcionar el reemplazo en especie de propiedad en el futuro cercano. Retrasando el intercambio, la parte implicada puede diferir aumentos imponibles sobre la propiedad original.

Interés Cargo hecho por un prestamista por el uso del dinero; costo por el uso del dinero.

Interés agregado Interés agregado al capital del préstamo sin importar el pago del capital. El prestatario paga un interés sobre el total del saldo del capital por el período completo del préstamo, no sobre la disminución del saldo, aunque el saldo del capital se reduce mes a mes a medida que se van realizando los pagos. A veces es llamado "volumen de interés".

Interés asegurable Interés en una persona o una propiedad que causaría una pérdida si fuera dañada. Un prestamista puede cobrar una póliza de seguro porque tiene un interés en la propiedad.

Interés compuesto Cantidad de interés pagado en el saldo de capital de una hipoteca además del interés acrecentado.

Interés de arrendamiento Derecho de tener o de utilizar la propiedad por un período de tiempo específico en un precio dado sin transferir la posesión.

Interés diario Interés que es cobrado o acumulado por día.

Interés en propiedad Participación legal de la titularidad en una propiedad.

Interés fijo Compromiso de un prestamista para con un prestatario para garantizar una tasa de interés dada por una cantidad de tiempo limitada.

Interés futuro Derecho actual de una persona a un interés en la propiedad inmobiliaria que no dará lugar a la posesión o al disfrute hasta un cierto tiempo en el futuro, tal como una reversión o un derecho de reingreso.

Interés imputado Interés implicado por la ley. Se imputa el interés cuando los términos declarados especifican una tasa de interés demasiado baja para las condiciones de mercado.

Interés legal Tasa de interés máxima permitida por ley, cualquier cantidad sobre la tasa establecida por la ley es considerada como usuraria.

Interés no dividido Derecho de propiedad de usar y poseer una propiedad que es compartida entre co-dueños, sin que ninguno de ellos tenga el derecho exclusivo a cualquier parte de la misma.

Interés pagado a lo largo de la vida del préstamo Cantidad total que ha sido pagada al prestamista durante el tiempo en el que el dinero fue prestado.

Interés Prepagado Monto de interés que es pagado antes de la fecha de vencimiento.

Interés simple Método para calcular el valor futuro de un importe asumiendo que el interés pagado no es compuesto – solo se paga el interés sobre el capital, no sobre el interés impago.

Interestatal Que ocurre entre dos o más estados, accionando la jurisdicción de la ley federal.

Intermediario Persona que junta a dos o más partes, pero no ejecuta negociaciones.

Interruptor principal Interruptor eléctrico de pared que controla más de un accesorio o enchufe en una habitación.

Intestado Condición en la que el dueño de una propiedad que muere sin dejar un testamento válido. El título de la propiedad pasará a los herederos del difunto como está previsto en la ley del estado.

Invasión Entrada ilegal o posesión de una propiedad.

Inventario El espacio entero de cierto mercado proscrito sin la preocupación por su disponibilidad o condición.

Inventario total Cantidad total de metraje cuadrado ordenado por la propiedad dentro de un área geográfica.

Inversión Dinero dirigido hacia la compra, la mejora y el desarrollo de un activo con la expectativa de obtener renta o beneficios.

Inversión especificada Estrategia de inversión en propiedades individualmente especificadas, carteras o fondos combinados que es total o parcialmente detallada antes del compromiso de capital del inversionista.

Inversión neta en propiedades inmobiliarias Cantidad total de patrimonio y deuda que es invertido en una propiedad inmobiliaria menos los ingresos de ventas o ventas parciales.

Inversión protegida de la inflación Inversión cuyo valor tiende a aumentar en una tasa mayor que la inflación, contribuyendo a la preservación del poder adquisitivo de una cartera.

Inversión social Estrategia en la cual las inversiones son dirigidas parcial o completamente por objetivos sociales o no de bienes raíces.

Inversiones alternativas o especializadas Tipos de propiedad que no son consideradas como clásicas inversiones bienes raíces, tales como instalaciones para auto almacenamiento, hogares móviles, madera, agricultura o terrenos para estacionamiento.

Inversor minorista Inversor que vende bienes directamente a los consumidores.

Inversor pasivo Individuo o compañía que invierte dinero pero no maneja el negocio o propiedad ni contribuye con su habilidad a la empresa.

Items Acumulados – Pasivo En las declaraciones de cierre, items de gasto que han sido contraídos pero todavía no pagaderos, como un interés en el préstamo de una hipoteca o impuestos en un inmueble.

Activo Gastos prepagos durante el corriente año de negocio que deben ser imputados al nuevo año de negocio. El pago anticipado de la renta le da derecho a la compañía a usar estas instalaciones rentadas durante el nuevo año de negocio.

Items Prepagados En una declaración de cierre, los puntos que fueron pagados por adelantado por el vendedor, como lo son las primas de seguros y algunos impuestos a la propiedad, los cuales deben ser reembolsados por el comprador.

Jardín Campo abierto de una propiedad.

Joint venture La unión de dos o más personas para dirigir una empresa de negocios específica. Un joint venture es similar a una sociedad que debe ser creada por el acuerdo entre los partidos de compartir en las pérdidas y los beneficios de la empresa. No es igual a una sociedad en la que la empresa se crea para un proyecto específico solamente, másque para una relación de negocios continua.

Juicio de desalojo Proceso legal donde un propietario remueve a un arrendatario y recupera la posesión de una propiedad. También se usa para describir el proceso de desahucio.

Juicio de mora Orden judicial en favor del demandante que resulta del fallo del demandado de aparecer en corte o de contestar a la queja original.

Junta de Realtors® Grupo de licenciados de bienes raíces de son miembros de la National Association of Realtors®.

Junta directiva Personas elegidas por los accionistas para gobernar una corporación. En la mayoría de los estados por lo menos dos personas son necesarias para constituir a una junta.

Juramento Promesa hecha ante un notario público u otro oficial.

Jurat Cláusula al final de una declaración jurada hecha por un notario público indicando cuándo, dónde y ante quién fue jurada una declaración jurada.

Jurisdicción Área de autoridad para una agencia o entidad específica de gobierno.

Kitchenette Espacio de menos de 60 pies cuadrados que se utiliza para cocinar y preparar alimentos.

Lanai Término popular usado en los estados del oeste y del sur que se refiere a un balcón, un mirador, un pórtico o un patio cubierto.

Legado Regalo de propiedad inmueble mediante testamento. El donante (dador) es el legador y el receptor es el legatario.

Legador El donante de la propiedad inmueble transferida mediante el uso de un testamento. El receptor es llamado legatario.

Legatario Receptor de la propiedad inmueble transferida mediante el uso de un testamento. El donante es llamado legador.

Ley común Cuerpo de la ley basado en costumbre, uso y decisiones de la corte. La ley común prevalece a menos que sea reemplazada por otra ley.

Ley de Divulgación Total de Venta de Tierras Interestatales Ley federal que regula la venta de ciertas propiedades inmobiliarias de un estado a otro.

Ley de Equidad de Vivienda Ley federal que prohíbe la discriminación en las viviendas basada en la raza, el color, la religión, el sexo, la discapacidad, la posición familiar y el origen nacional.

Ley de fraudes Parte de una ley estatal que requiere ciertos instrumentos, como escrituras, contratos de ventas inmobiliarias y ciertos arriendos, por escrito para ser legalmente ejecutorios.

Ley de Igualdad de Oportunidades de Crédito (ECOA) Ley federal que requiere al prestamista o a otro acreedor hacer disponible el crédito para los aspirantes sin importar sexo, estado civil, raza, religión, o edad.

Ley de licencia Inmobiliaria Ley estatal promulgada para proteger al público de fraude, deshonestidad e incompetencia en la compra y venta de bienes inmuebles.

Ley de los derechos civiles de 1866 Acta que prohíbe la discriminación racial en la venta y el alquiler de la vivienda.

Ley de Megan Legislación federal que promueve el establecimiento de los sistemas de registro del estado para conservar la información residencial sobre cada persona que secuestre a niños, cometa crímenes sexuales contra niños o cometa crímenes sexual violentos.

Ley de prescripción Ley referente al período de tiempo dentro del cual ciertas acciones deben ser llevadas a la corte.

Ley de Procedimientos de Liquidación de Bienes Raíces (RESPA) Ley federal que requiere ciertas revelaciones hacia los consumidores acerca de liquidaciones de préstamos hipotecarios. La ley también prohíbe el pago o recepción de comisiones y de ciertos honorarios por referencia.

Ley de Reporte de Crédito Justo (FCRA) Legislación federal que gobierna los procesos que las agencias de reporte de crédito deben seguir.

Ley de Seguridad de los Ingresos de Jubilación para los Empleados (ERISA) Legislación que controla las actividades de inversión, principalmente de los planes de jubilación corporativos y del sindicato.

Leyes de accidentes de trabajo Leyes que requieren que un patrón obtenga la cobertura de seguro para proteger a sus empleados que son perjudicados en el curso de su empleo.

Leyes Antimonopolio Leyes pensadas para preserver la libre empresa del mercado abierto haciendo ilegales ciertas conspiraciones secretas y combinaciones formadas para minizar la competencia. La mayoría de las violaciones a las leyes antimonopolio en el negocio de bienes raíces involucran la fijación de precios (los agentes conspiran para fijar tarifas de conpensación) o asignación de clientes o mercados (los agentes acuerdan limitar sus áreas de comercio a ciertas áreas o propiedades).

Leyes de propiedad horizontal Estatutos del estado que permiten la posesión de propiedad del condominio.

Leyes dominicales Leyes que restringen la transacciones comerciales el domingos y/o ciertos días religiosos.

Liberación Liberar bienes raíces de una hipoteca; también conocida como liberación de responsabilidad.

Liberación por bancarrota Liberar a una parte en bancarrota de la obligación de compensar las deudas que fueron probadas en un procedimiento de la bancarrota.

LIBOR Siglas para la tasa propuesta interbancaria de Londres. Índice para determinar los cambios de tasa de interés para las hipotecas de tasa ajustable. Índice muy popular para los programas únicos de hipoteca de interés.

Librador Alguien que emite un pagaré y se compromete a pagarlo cuando sea debido.

Licencia Privilegio o derecho concedido a una persona por un estado para operar como un corredor de propiedades inmobiliarias o vendedor; permiso revocable para el uso temporal de la tierra, derecho personal que no puede ser vendido.

Línea de costa Línea divisoria entre la tierra privada y la playa pública en una propiedad frente a la playa.

Línea de crédito Cantidad de crédito concedida por una institución financiera hasta una cantidad especificada por cierto período del tiempo a un prestatario

Línea de crédito sobre el capital de la vivienda Cantidad ampliable de crédito basado en el capital que un dueño de una propiedad inmueble ha acumulado.

Línea de desperdicios Tubería que lleva el agua de una bañera, ducha, fregadero u otros enseres fijos, excluyendo el baño.

Línea de edificación Cantidad de espacio requerido por las regulaciones locales de zonificación entre la línea de un lote y la línea de un edificio; distancia requerida desde un punto de referencia dado antes de que una estructura pueda ser construida.

Línea de hielo Profundidad de la penetración de la helada en el suelo; varía según el área geográfica y las condiciones atmosféricas. Según los códigos de edificación, las zapatas del edificio se deben poner debajo de la línea de hielo.

Línea de lote cero Forma de urbanización de casas aglomeradas donde las unidades de viviendas individuales son colocadas separadas sobre lotes catastrados. Las unidades pueden estar pegadas la una a la otra, pero no siempre tiene que ser así.

Línea de visión Plano de visión; una dirección de vista a lo largo de una orientación o plano específico.

Líneas de municipio Todas las líneas en un sistema de revisión rectangular que controlan el este y el oeste, la paralela a la línea baja seis millas aparte.

Limitaciones de acciones Tiempo dentro del cual las demandas legales deben comenzar o bien serán prohibidas o rechazadas. Similar a un estatuto de limitaciones.

Límite El borde externo de una propiedad.

Límite de pago durante la vigencia Límite sobre la cantidad en la que los pagos pueden aumentar o disminuir a lo largo de la vida de un ARM.

Liquidez Facilidad con la cual los activos de un individuo o de compañía se pueden convertir en efectivo sin perder su valor.

Lis pendens Voz latina para "pleito pendiente". Notificación registrada de la clasificación de un pleito.

Lista de documentos necesarios Lista de documentos que un prestamista requiere a un potencial prestatario que se está presentando para una solicitud de crédito.

Lista de pendientes Lista que documenta tareas incompletas o no satisfactorias luego de que el contratista a declarado que el trabajo esta mayormente completo.

Listado abierto Contrato de listado conforme al cual la comisión del agente inmobiliario está sujeta a la producción de un comprador listo, dispuesto y capaz antes de que la propiedad sea vendida por el vendedor u otro agente inmobiliario.

Listado de Bolsillo Listado cuyo ingreso en el servicio de listados múltiple (MLS) es demorado hasta el último momento así el agente del listado va a tener más tiempo para encontrar un comprador antes que otro vendedor. En efecto el listado es mantenido "en el bolsillo" del agente.

Listado exclusivo Contrato que permite que un agente licenciado de propiedades inmobiliarias sea el único agente que pueda vender una propiedad por un tiempo dado.

Listado exclusivo de la agencia Contrato de venta de bienes inmuebles bajo el cual el dueño designa a un corredor de propiedades inmobiliarias como su agente exclusivo por un período de tiempo señalado para vender la propiedad, en los términos indicados por el dueño, por una comisión. El dueño se reserva el derecho de vender sin pagar a ninguna persona una comisión si él o ella vende a un comprador potencial que no ha sido introducido ni ha sido demandado por el corredor; Acuerdo escrito entre el dueño de una propiedad y un corredor de propiedades inmobiliarias en el cual el dueño promete pagar al corredor una comisión si cierta propiedad se arrienda durante el período del listado.

Listado múltiple Acuerdo entre un grupo de corredores de propiedades inmobiliarias que convienen, por adelantado, a proporcionar la información sobre algunos o todos sus listados a los otros y establecen que las comisiones de las ventas provenientes de esos listados serán compartidas entre los corredores del listado y los corredores de la venta.

Listado neto Listado basado en el precio neto que el vendedor recibirá si la propiedad es vendida. Bajo un listado neto el corredor puede ofrecer la propiedad para la venta al precio más elevado obtenible para aumentar la comisión. Este tipo de listado es ilegal en muchos estados.

Litigar Acto de entablar o llevar un pleito.

Litoral Parte de la zona en la orilla de una superficie grande de agua. Tierra que bordea la orilla de un mar o de un océano, afectada así por las corrientes de la marea.

Lobby Área pública de espera o lugar de reunión usado como área común por los arrendatarios o los huéspedes.

Losa Superficie plana, expuesta que es puesta sobre las vigas de apoyo estructural para formar el/los piso/s del edificio.

Lote Parcela individual de tierra en una subdivisión; una de varias parcelas contiguas de un porción más grande de tierra.

Lote bandera Método de subdivisión de la tierra en parcelas individuales para que el cumplimiento con las regulaciones locales de subdivisión puedan evitarse.

Lote clave Lote que se ha agregado valor debido a su localización estratégica, especialmente cuando es necesario para el mejor uso de la propiedad contigua. Un lote clave es también un lote que colinda con la línea de la propiedad inmueble del lote de una esquina y dá al frente en una calle secundaria.

Lote del gobierno Secciones fraccionarias en el sistema rectangular de inspección (gubernamental) menos de un cuarto de sección del área.

Lote dividido División de la tierra separando su propiedad o dividiéndola en varias parcelas.

Lote interior Lote rodeado a cada lado por otros lotes, con una calle lateral en un lado; un lote de esquina tiene una calle lateral en dos lados.

Lugar destacado Espacio de primera generación que esta disponible para arrendar.

Luz y aire Principio que estipula que un dueño no tiene ningún derecho natural sobre la luz y el aire y que no puede quejarse cuando un vecino erija una estructura que corte su luz y aire.

Maggie Mae (MGIC) Apodo para la corporación de seguro de garantía de hipoteca, la cual asegura hipotecas a otros inversionistas.

MAI Designación profesional que significa que el tasador está calificado para tasar una amplia gama de tipos de propiedades inmobiliarias.

Mandamiento de ejecución Orden judicial que autoriza a un oficial del tribunal para vender la propiedad del demandado para pagar un juicio.

Mandato tácito Basado en las acciones de las partes, que implican que han accedido mutuamente a una relación de agencia , se forma una relación tácita de representación.

Manejo del riesgo Análisis lógico de analizar y definir riesgos asegurables y no asegurables mientras se evalúa la disponibilidad y costos de comprar seguros de una tercer parte.

Mantenimiento Actividades requeridas para compensar o superar el desgaste en una propiedad.

Mantenimiento de Área Común (CAM) Cargos (sobre el

alquiler) a los arrendatarios por los costos de mantenimiento de vestíbulos, salas de descanso, lotes de estacionamiento, patios y otras áreas comunes.

Mantenimiento diferido Carencia del mantenimiento normal. El mantenimiento diferido es un término de tasación usado para observar artículos como ventanas rotas, tejas faltantes, pintura descascarada, canaletas rotas, y otros defectos de la propiedad que no han sido tratados por el dueño.

Mapa calificador del seguro de inundación Mapas oficiales que muestran las áreas señaladas como zonas especiales de peligro de inundación.

Mapa catastral Mapa legal que registra la titularidad de la propiedad. El mapa describe los límites y la titularidad de las propiedades.

Mapa de contorno Mapa que exhibe la topografía del sitio. El mapa contiene las líneas del contorno mostrando las variaciones de elevación en el sitio.

Mapa de Urbanización Mapa de un pueblo, sección o subdivisión indicando la ubicación y límites de propiedades inviduales.

Mapa de utilización del suelo Mapa que demuestra los tipos y las intensidades de diversas utilizaciones del suelo en un área particular.

Mapa fiscal Documento que muestra posición, dimensiones y otra información perteneciente a una parcela de tierra sujeta a impuestos sobre la propiedad. Por lo general guardado como un registro público en una oficina fiscal o palacio de justicia local.

Mapas y terrenos Alzado de planos sobre parcelas de tierra mostrando monumentos, límites, área, propiedad y otras características.

Marca terrestre Objeto fijo que sirve como marca del límite para una extensión de tierra. Una Marca terrestre también puede ser un monumento.

Margen Cantidad constante que se agrega al valor de un índice con el fin de ajustar la tasa de interés en una hipoteca de tasa ajustable; porcentaje que se agrega al índice y está fijado para el término de la hipoteca.

Margen de rendimiento Diferencia en el ingreso derivada de una hipoteca comercial y del valor de un parámetro de referencia.

Marina Muelle y una instalación de amarre para los barcos, equipada generalmente con instalaciones de reparación, gas y provisiones.

Materiales que Contienen Amianto (ACM) Productos o materiales hechos con amianto. El uso de productos con ACM ha sido prohibido desde principios de 1980, pero algunas unidades residenciales pueden seguir conteniendo ACM.

Más o menos Cuando se utiliza en la descripción de las propiedades inmobiliarias, es una frase que indica que la dimensión o el tamaño dado es aproximado. La variación leve del tamaño indicado no tendrá ningún impacto en la aplicabilidad del contrato.

Mayoría Edad en la cual una persona no es más un menor de edad; la mayoría de edad es de 18 a 21 años dependiendo del estado. Una mayoría puede también ser más que la mitad de una cantidad.

Medianera Pared que es colocada sobre la línea divisoria entre dos parcelas colindantes y es usada o tiene como objetivo ser usada por los dueños de ambas propiedades.

Medición Proceso por el cual se miden los límites y se determinan las áreas de tierra; la medida en el sitio de las líneas del lote, dimensiones y posición de una casa sobre el mismo, incluyendo la determinación de cualquier usurpación o servidumbres existentes. Medición del resultado Proceso de medir que tan bien un bien inmueble se ha desempeñado respecto a activos individuales, consultores/administradores y portfolios.

Medida de frente Medida de una parcela de tierra por el número de pies de frente a la calle o una ruta.

Medidas y Límites Levantar un plano de las líneas de límite de un segmento de tierra descripto enumerando las direcciones de brújula (límites) y las distancias (delimitaciones) de los límites.

Mejor uso Uso más razonable, más previsto, legal de un pedazo de tierra vacante o una propiedad mejorada que es físicamente posible, apoyado apropiadamente, financieramente factible y que da lugar al valor más alto.

Mejora Cualquier estructura, generalmente propiedad privada, erigida en un sitio para realzar el valor de la propiedad-por ejemplo, construir una cerca o una calzada; estructura pública agregada a o que beneficia a la tierra, tal como un bordillo, una acera, una calle o una alcantarilla.

Mejora mal colocada Mejora mal ubicada o pobremente planeada y que desvirtúa el mejor uso del sitio.

Mejora sustancial Cualquier mejora hecha a una edificación al menos tres años después de que el edificio fuera puesto en servicio; mejoras hechas por encima del 25 por ciento del valor del edificio durante un período de dos años.

Mejoras Cambios realizados a un edificio para mejorar su valor o utilidad.

Mejoras a la propiedad arrendada Enseres fijos adjuntados a las propiedades inmobiliarias que son comprados o instalados por el arrendatario. Cuando expira el arriendo, generalmente se permite al arrendatario quitar esas mejoras, con tal que el retiro no dañe la propiedad.

Mejoras de capital Costos que prolongan la vida de una propiedad o que la mejoran. Comprar una cortacésped no se considera una mejora de capital, pero construir un edificio en un lote sí es una mejora de capital.

Mejora de crédito Soporte de crédito necesario, además del aval, para lograr la calificación deseada en valores respaldados por hipotecas.

Mejoras a la propiedad arrendada Enseres fijos adjuntados a las propiedades inmobiliarias que son comprados o instalados por el arrendatario. Cuando expira el arriendo, generalmente se permite al arrendatario quitar esas mejoras, con tal que el retiro no dañe la propiedad.

Menor de edad Persona que no ha alcanzado la mayoría de edad y por lo tanto no tiene capacidad legal para transferir un título de propiedad inmueble.

Mejora del arrendatario (TI) Mejoras o reparaciones que son hechas a los locales arrendados por o para un arrendatario.

Mejora desequilibrada Mejora que no es el mejor uso para el sitio. Puede o ser tanto una mejora excesiva o una mejora inferior.

Mejora inferior Estructura o desarrollo de costo más abajo que no es el mejor uso de un sitio.

Método comparativo de la unidad Técnica de tasación usada para establecer unidades de medida específicas para tasar tipos específicos de propiedad. Por ejemplo, los garages de estacionamiento se comparan típicamente sobre una base de espacio por estacionamiento; la tierra se compara por acre o pie cuadrado.

Método de medición gubernamental Sistema de medición de la tierra que se aplica a la mayor parte del territorio en los Estados Unidos, particularmente en la mitad occidental de los Estados Unidos.

Método de saldos decrecientes Método de depreciación donde se aplica una tasa al saldo restante para determinar la deducción de la depreciación.

Método de unidad en el lugar Método de tasación para estimar gastos de construcción calculando los costos de los componentes físicos en la estructura, con el costo de cada artículo incluyendo su instalación apropiada; también llamado el método de costo segregado.

Mercado Lugar en donde las mercancías pueden ser compradas y vendidas a un precio establecido.

Mercado Competitivo Análisis (CMA) Comparación de los precios de los hogares recientemente vendidos similares al hogar del listado de un vendedor en términos de localización, estilo y amenidades. También conocido como estudio de mercado comparativo.

Mercados de capitales Mercados públicos y privados donde los individuos o los negocios pueden incrementar o pedir prestado el capital.

Mercado de compradores Condición donde los compradores tienen una amplia opción de propiedades y pueden negociar precios bajos. Los mercados de compradores ocurren cuando hay más casas para la venta que compradores. Los mercados de compradores pueden ser causados por factores como sobreconstrucción, depresión económica o disminución de la población local.

Mercado estrecho Mercado inmobiliario donde hay pocos compradores y vendedores y una tasa lenta de volumen de movimiento de propiedades. También llamado mercado limitado.

Mercado favorable al vendedor Condiciones económicas que favorecen a los vendedores, debido a circunstancias como una escasez de suministro o demanda excesiva.

Mercado hipotecario primario Mercado hipotecario en el cual los préstamos se originan de bancos comerciales, asociaciones de préstamo y ahorro y bancos de ahorro mutuo.

Mercado secundario Mercado en el cual las hipotecas existentes son compradas y vendidas como parte de un fondo común de hipotecas; mercado para la compra y venta de hipotecas existentes, diseñado para proporcionar mayor liquidez para hipotecas; también llamado mercado secundario de dinero. Las hipotecas primero son originadas en el mercado de hipoteca primario.

Meridiano Una de un sistema de líneas imaginarias que corren en el norte y el sur y que cruzan una línea base en un punto definido, utilizado en el sistema rectangular de la encuesta sobre (el gobierno) de descripción de la propiedad.

Meridiano principal Línea imaginaria principal que corre de norte a sur y que cruza una línea base en un punto definitivo, usado por los inspectores en relación a ubicar y describir terrenos bajo el sistema de inspección rectangular (gubernamental) de descripción.

Método de costo por unidad Método de calcular un arancel de administración de propiedad basado en el costo directo de administrar un número específico de unidades de renta.

Método de efectivo Método de contabilidad basado en recibos de efectivo y erogación de efectivo. Para los propósitos de contabilidad, los ingresos y los costos son asentados cuando se reciben y se gastan el dinero, no cuando es debido.

Método de indización Método de tasación de los costos del presupuesto de una construcción multiplicando el costo original de la propiedad por un porcentaje para ajustar hacia los costos actuales de la construcción.

Método de investigación cuantitativa Método de tasación para estimar los gastos de edificación calculando el coste de todos los componentes físicos en las mejoras, añadiendo el coste para ensamblarlos y luego incluyendo los gastos indirectos asociados con tal construcción.

Método de lo devengado Método de contabilidad que requiere ingresos o gastos para ser ingresados cuando el ingreso es devengado o ganado o el cobro es pagadero. Por ejemplo, si el dueño de un inmueble compra una póliza de seguro de tres años, según el método de lo devengado, sólo el gasto del primer año de seguro es mostrado como un asiento de diario, aún si el propietario del inmueble paga saldo completo en su totalidad.

Método de pie cuadrado Método de tasación para estimar los gastos de edificación, multiplicando el número de pies cuadrados en las mejoras que han sido tasadas por el costo por pie cuadrado para mejoras similares recientemente construidas.

Método del pago diferido Sistema para hacer pagos en una fecha más tardía. Por ejemplo, en una hipoteca de pago gradual los pagos del capital y algunos pagos del interés son diferidos en los primeros dos a cinco años.

Método del antes y el después La práctica de tasar una propiedad antes y después de que ha sido tomada con dominio eminente. El tasador calcula la propiedad antes de la confiscación, y entonces después, para considerar cualquier aumentos o disminución del valor debido al cambio en uso. El método del antes y el después típicamente da lugar resulta en un valor tasado más bajo.

Método residual para la valoración de terrenos Método de tasación donde el valor de la tierra es estimado comparando la renta neta de operación y el valor de las mejoras. Utilizado típicamente para los análisis de viabilidad y para determinar el mejor uso de una porción de tierra.

Metraje cuadrado neto Espacio total usable para una tarea o un sitio.

Metraje cuadrado utilizable Área total que es incluida dentro de las paredes exteriores del espacio del arrendatario.

Mezcla de arrendatarios Selección y posiciónamiento de arrendatarios de venta al público para maximizar el ingreso del propietario y estimular el negocio en general.

Minusvalía Debilitación física o mental que limita a una o más actividades de la vida según lo definido por el acta de la vivienda justa. También designada como inhabilidad.

Mill Un décimo de un centavo. Algunos estados utilizan una tasa de tanto por mil para computar los impuestos de propiedades inmobiliarias; por ejemplo, una tasa de 52 mills sería el impuesto de $0.052 por cada dólar de la valuación determinada de una propiedad.

Milla 1.760 yardas o 5.280 pies.

Mitigación de daños Obligación de la parte dañada de tomar medidas razonables para reducir o para eliminar la cantidad de daños a los cuales la parte puede tener derecho. Un arrendatario está obligado a procurar parar el flujo del agua de una tubería rota, por ejemplo para atenuar el daño.

Monto base del préstamo La cantidad que forma la base para los pagos del préstamo.

Monumento Objeto natural o artificial fijo utilizado para establecer los límites de las propiedades inmobiliarias para una descripción de medidas y límites.

Mezcla de fondos Acto ilegal de un corredor de bienes raíces o de un agente donde éste coloca los fondos del cliente en una cuenta con sus propios fondos. Por ley, se requiere a los corredores que mantengan una cuenta de registro separada para los fondos de la otra parte tenidos temporalmente por el corredor. Por ejemplo, el dinero otorgado, en garantía se debe depositar en una cuenta separada.

Modificación Ajuste en los términos de un acuerdo de préstamo.

Mora Cesación en el pago o pago tardío. Si un propietario no ha realizado los pagos de su hipoteca por dos meses, su hipoteca puede considerarse como que está en mora; Estado que ocurre cuando un prestatario no puede cumplir con un deber o hacerse cargo de una obligación, tal como realizar los pagos mensuales de la hipoteca. No satisfacer las condiciones de un contrato hace que la parte esté en mora.

Morosidad Estado que ocurre cuando el prestatario no puede hacer los pagos de la hipoteca a tiempo, eventualmente dando por resultado la ejecución de la hipoteca si los pagos son atrasados en forma crónica.

Mueble adherido al inmueble Cualquier propiedad personal que es anexada a una estructura y usada en el negocio, pero es desprendible una vez que el arriendo ha terminado.

Mudsill Componente horizontal más bajo de una estructura.

Multiplicador de Alquiler bruto (GRM) Cifra usada como multiplicador de la renta mensual bruta de una propiedad para producir una estimación del valor de propiedad.

Multiplicador de ingresos brutos Cifra usada como multiplicador de la renta bruta anual de una propiedad para producir una estimación del valor de la propiedad.

Municipio La unidad principal del sistema de revisión rectangular (de gobierno). Un municipio es un cuadrado con lados de seis millas y un área de 36 millas cuadradas.

Muro de cimentación Paredes de albañilería o concreto bajo el nivel del suelo que sirve como el soporte principal para una estructura. Los muros de cimentación también forman los lados de un sótano.

Muro de contención Partición vertical para restringir el movimiento de suelo, o de agua.

Mutuo consentimiento Acuerdo de voluntades; asentimiento mutuo de todas las partes para la formulación del contrato.

Negligencia Retraso indebido o negligencia en hacer valer los derechos legales, conduciendo posiblemente al impedimento de la parte negligente.

Negociación Proceso de regatear para alcanzar un acuerdo. Una negociación exitosa resulta en un contrato entre las partes.

Negocio propio Posesión por un individuo de un negocio en vez de una sociedad o corporación.

Neto después de impuestos Ingreso neto de explotación después de deducir toda carga, incluyendo impuestos federales y de estado.

Neto Liquido Flujo de liquidez luego de los impuestos; el dinero restante después del cobro del alquiler y de hacer los pagos de hipoteca y el resto de los gastos.

Nido vacío Parejas cuyos hijos han establecido hogares separados.

Nivel máximo de agua Línea en la orilla que marca el nivel de una marea media; denota el límite de la propiedad entre una parcela de tierra y un canal público.

No homogénico Premisa que indica que todas las propiedades son únicas, incluyendo las casas que son similares en una subdivisión de terreno y que todas las propiedades tienen su propio conjunto de derechos.

Nombre, cambio de Uso de un nuevo nombre. Los cambios de nombre realizados, conforme a requisitos, son legales mientras no se haga ninguna tentativa de estafa o de engaño a otros.

Nombre equivocado Error en el nombre.

Nombre de Fantasía También llamado nombre supuesto; otro nombre de negocio más allá del que está registrado el negocio. Similar a Haciendo Negocios Como (DBA).

Nombre legal Nombre que un individuo tiene para propósitos legales.

Nombre, reservación de Derecho exclusivo de utilizar un nombre comercial o un nombre corporativo. El derecho es reservado registrando una corporación con autoridades del estado.

Nominado Persona designada para actuar por otra como su representante, pero solamente en un sentido limitado y especificado. Una corporación nominada, por ejemplo, podría comprar propiedades inmobiliarias en nombre de otra persona cuando esa persona desea permanecer anónima.

Normas de Práctica Código de ética creado por la Asociación Nacional de Realtors® describiendo los comportamientos éticos que se espera que sigan los licenciatarios.

Nota de recurso Instrumento de deuda que un prestamista puede usar para tomar acción contra el prestatario personalmente, además de ejecutar la hipoteca de la propiedad.

Notario Público Oficial que está autorizado a tomar admisiones a ciertos tipos de contratos, como escrituras, contratos e hipotecas y ante quien las declaraciones juradas pueden ser juradas.

Notificación de proceso Acto legal de notificar al demandado de un pleito inminente y la entrega a él o ella del emplazamiento o demanda. Un individuo que recibe dichos documentos es considerado notificado.

Notificación de facto Hecho o información expresa; lo que es sabido; conocimiento directo.

Notificación implícita Aviso dado por documentos registrados. Se asumirá que toda la gente tiene conocimiento tal documento y su contenido, lo hayan o no realmente examinado. La posesión de propiedad también es considerada como una notificación implícita ya que la persona en posesión tiene un interés en la propiedad.

Novación Reemplazo de una nueva obligación por una antigua o sustituir nuevas partes de una obligación existente.

Nuda propiedad El remanente de un patrimonio que ha sido transmitido para que tome efecto y sea disfrutado luego de la terminación de un patrimonio anterior, como lo es cuando un propietario transmite un derecho de por vida sobre un bien a una parte y el resto a otro.

Nudo de asegurador Nudo aprobado por el código que puede ser atado al final de una cuerda eléctrica para impedir que los cables sean arrancados de su conexión el uno del otro o de terminales eléctricos.

Nulo y sin efecto Algo que no se puede hacer cumplir legalmente; que no tiene ninguna fuerza legal, efecto o valor.

Obligación condicional Acuerdo de un prestamista de hacer un préstamo proveyendo al prestatario el cumplimiento de ciertas condiciones.

Obligación garantizada por hipoteca (CMO) Deuda que se basa completamente en una coalición o fusión de hipotecas. Una CMO es una seguridad que es respaldada por una fusión de préstamos de hipoteca.

Obligaciones de jubilación La cantidad total de capital que es requerida para financiar beneficios de jubilación.

Obsolescencia Pérdida de valor debido a los factores que son anticuados o menos útiles; pérdida en el valor debido a atractivo y utilidad reducida. La obsolescencia en puede ser funcional o económica.

Obsolescencia económica Pérdidas de valor por causas fuera de la propiedad en sí misma. También designado obsolescencia ambiental y obsolescencia externa. Por ejemplo, el valor de un hogar podría caer si un gran edificio de apartamentos se construye en el lote siguiente.

Obsolescencia externa Depreciación no remediable causada por factores no sujetos a la propiedad, tales como factores ambientales, sociales o económicos.

Obsolescencia funcional Pérdida de valor a una mejora a la propiedad inmobiliaria que se presenta por problemas funcionales, causada a menudo por la antiguedad o por un pobre diseño. Por ejemplo, un dormitorio al cual se puede entrar solamente caminando a través de otro dormitorio sería considerado obsolescencia funcional.

Obsolescencia irremediable Defecto que no puede ser remediado ni es financieramente práctico remediar. Si remediar un problema estructural cuesta más que lo que vale la propiedad, el problema se considera una obsolescencia irremediable.

Ocupación Actual El porcentaje corriente de unidades que estan alquiladas en un edificio o propiedad.

Ocupación estabilizada La mejor gama proyectada de ocupación a largo plazo que una pieza de propiedad en alquiler alcanzará después de existir en el mercado abierto durante un período razonable de tiempo con términos y condiciones que son comparables a ofrecimientos similares.

Ocupación promedio Tasa promedio de cada uno de los 12 meses en que la propiedad estuvo ocupada. Una propiedad que fue ocupada en 11 de los 12 meses es considerada de tener una ocupación promedio de 92% (11 dividido 12.)

Ocupación temprana Permitir que un comprador tome la posesión de una propiedad antes de cerrar el contrato.

Oferente Persona o empresa que extiende la oferta a otro.

Oferta El precio o se extiende un inversionista está dispuesto a pasar en préstamos o seguridades enteros; Término que describe un precio o gama especificados para vender préstamos enteros o valores; expresión de buena voluntad para comprar una propiedad en un precio especificado o de buena voluntad para vender.

Oferta Cantidad de bienes disponibles en el mercado para ser vendidos en un precio dado. El término está a menudo acoplado con la demanda.

Oferta de respaldo u oferta secundaria Oferta para comprar o arrendar un bien inmueble que se hace efectivo si un contrato primario cae completamente. Por ejemplo, un comprador puede realizar una oferta de respaldo o secundaria sobre una propiedad que ya tiene contrato con otra parte, con la esperanza de que la otra parte será incapaz de comprar la propiedad.

Oferta para arrendar Documento utilizado para crear un acuerdo del arrendador para arrendar un espacio comercial a un arrendatario con términos y condiciones especificados. En el cierre las partes firman un acuerdo de arriendo formal.

Oferta Privada Oferta de una propiedad inmueble que está exenta de registrarse con una agencia regulatoria federal o estatal porque no implica una oferta pública. Hecha tipicamente por un pequeño grupo de inversores.

Oferta pública Solicitar al público general de vender unidades de inversión. Tipicamente requiere de la aprobación del SEC u otra agencia de valores del estado.

Oferta y aceptación Dos componentes esenciales de un contrato válido; cuando dos partes llegan a un acuerdo; crea un acuerdo de venta.

Oferta y demanda Principio de tasación que sigue la relación mutua de la oferta y la demanda de bienes inmuebles. Como la tasación está basada en conceptos económicos, este principio reconoce que los bienes raíces están sujetos a las influencias del mercado tal como cualquier otra mercancía.

Oficial de préstamo Representante oficial de una institución de préstamos que está autorizado a actuar en nombre del prestamista dentro de límites especificados.

Oficina de Igualdad de Oportunidades (EEO) Agencia federal que administra la Ley federal justa para la vivienda.

Oficina de Supervisión de Entidades de Ahorro y Préstamo (OTS) Agencia gubernamental que rige las prácticas de prestamistas fiduciarios. OTS fue creada por la Ley de Reforma, Recuperación y Refuerzo de las Instituciones Financieras (FIRREA).

Oficina en la obra Instalación temporal administrativa donde el negocio, relacionado con una propiedad específica, es llevado a cabo.

Oficina exclusiva Listado que es conservado por una oficina de propiedades inmobiliarias a exclusión de otros agentes de bienes raíces; listado en el cual el vendedor rechaza someter el listado a un servicio de listado múltiple (MLS)

Oficina Interestatal de Registro de Venta de Tierras División del Departamento de Vivienda y Desarrollo Urbano (HUD) que regula la tierra para la venta a través de las líneas estatales.

Ofrecimiento (siguiente) secundario Ofrecimiento de acciones hecho por una empresa que ya es pública.

Opción Acuerdo para mantener abierta durante un período establecido una oferta para vender o comprar una propiedad; con frecuencia se concede una opción para una consideración no reembolsable.

Opción de arrendamiento Opción de financiamiento que otorga a los compradores la posibilidad de arrendar un hogar con opción a compra, con parte de los pagos del alquiler que son aplicados a la seña.

Opción de expansión Disposición en un arriendo que concede a un arrendatario la opción para arrendar el espacio adyacente adicional después de un período de tiempo especificado; común en arriendos comerciales.

Opción de listado Listado con una cláusula que le da al agente inmobiliario del listado el derecho de comprar la propiedad listada.

Opción de préstamo ARM Tipo de hipoteca en la cual el prestatario tiene una variedad de opciones de pago cada mes.

Opción de renovación Provisión de arriendo que da al arrendatario el derecho de ampliar el arriendo durante un período adicional de tiempo conforme a ciertas condiciones.

Operación a precio de mercado Transacción entre partes donde cada parte actua en su mejor interés. Por ejemplo, normalmente una transacción entre marido y esposa no es considerada como una operación al valor de mercado.

Opinión de título Opinión de un abogado, generalmente en forma de certificado, en cuanto a la validez del título de la propiedad que está siendo vendida. También llamado certificado de título.

Oportunista Término que generalmente describe una estrategia de retener las inversiones de bajo rendimiento o poco rentables y/o como activos manejados con la expectativa de aumentos del flujo en efectivo y/o el valor.

Orden de cambio Instrucciones para revisar los planos de la construcción después de que se hayan completado y la construcción esté en curso. El cambio de órdenes casi siempre da lugar a un coste creciente.

Orden de cese y desista Orden por una corte o una agencia que prohíbe a una persona o negocio continuar una actividad. Utilizado en bienes raíces para prevenir comportamiento anticompetitivo entre las firmas, o poner fin a una discriminación ilegal.

Orden de confiscar Orden judicial que autoriza la quita de tierra, alquileres y ganancias debidas por un demandado en un pleito concluido con el propósito de obligar al demandado a cumplir la misma.

Orden de procesar Orden escrita a un contratista general para que proceda con un cambio en los requerimientos del contrato; tipicamento sujeto a un ajuste posterior en el precio del contrato o en el tiempo proyectado.

Ordenanza Reglas municipales que gobiernan el empleo de tierra.

Ordenanza municipal Reglas, regulaciones y códigos decretados en ley por los cuerpos locales gobernantes; típicamente cubren requisitos de edificación y de subdivisión.

Ordenanzas de subdivisión y desarrollo Ordenanzas municipales que establecen exigencias para las subdivisiones y el desarrollo.

Organización de administración acreditada (AMO) Designación dada a las organizaciones de administración que cumplen con los estándares puestos por el Instituto de Administración de Bienes Raíces.

Orientación Posición de una estructura sobre un sitio en relación con ángulos de luz del sol y vientos predominantes. Una casa con una orientación norte a sur está diseñada para aprovechar el sol en el invierno con objetivos de calefacción.

Originación por tercero Proceso en el cual otra parte es utilizada por el prestamista para originar, tramitar, subvencionar, cerrar, suscribir o financiar las hipotecas.

Pad Área en un parque de propiedades móviles colocado para la ubicación de una unidad de vivienda móvil; cimiento o sitio preparado para una clase de mejora específica.

Palancada Uso de dinero prestado para financiar una inversión.

Pagador Persona que realiza un pago a otra; la persona que paga.

Pagaré Acuerdo escrito de repagar una cantidad de dinero específica sobre cierto período de tiempo.

Pagaré a plazos Pagaré que prevé el pago del capital en dos o más cantidades indicadas, en diversos momentos.

Pagaré directo Pagaré utilizado para un préstamo donde los pagos del interés sólo son hechos en períodos específicos, con el saldo de capital debido en una suma global al final del término del préstamo.

Pagaré durmiente Pagaré en el cual el interés y el capital son pagaderos juntos en una fecha futura.

Pagaré o documento de hipoteca Documento legal que requiere que un prestatario devuelva una hipoteca a una tasa de interés especificada sobre cierto período de tiempo.

Página mágica Historia del crecimiento proyectado que describe cómo un nuevo REIT logrará alcanzar sus planes futuros para los fondos para operaciones o los fondos disponibles para distribución.

Pago de capital adicional Dinero adicional pagado al prestamista, aparte del esquema de pagos, para pagar más del saldo del capital, acortando la duración del préstamo.

Pago de la plica Fondos que son retirados por un prestador de servicios de hipoteca de la cuenta de plica de un prestatario para pagar contribuciones territoriales y seguro.

Pago máximo Cantidad máxima que un pago mensual puede aumentar en un ARM.

Pago parcial Cantidad pagada que no es suficiente para cubrir el pago mensual en un préstamo hipotecario o en un alquiler.

Pago tardío Pago hecho al prestamista después de que la fecha debida ha pasado.

Pago único o global Reembolso de una deuda por un solo pago, incluyendo el capital y cualquier interés acumulado. Un documento, por ejemplo, puede estipular pagos de interés periódicos y un pago único del capital.

Pagos de Capital Pagos realizados para reducir el monto de capital en un préstamo.

Pagos de plica Dispensar de los fondos de plica para el pago de los impuestos de propiedades inmobiliarias, seguro de riesgo, seguro de hipoteca, y otros costos de la propiedad como son debidos.

Pagos progresivos Pagos realizados a razón de que partes de la construcción de un proyecto se van completando; los fondos de los préstamos a la construcción son desembolsados por el prestamista sobre el curso del proyecto en vez de entregar la suma completa al comienzo del proyecto.

Paisaje Arbustos, árboles y otras plantas que rodean una estructura.

Papeles Término de negocios que se refiere a una hipoteca, nota o escritura, usualmente recibida por un comprador departe de un vendedor cuando la propiedad es vendida.

Paquete de préstamo Colección de documentos asociados con la solicitud de un préstamo específico.

Par Promedio, igual al valor nominal. Método de comparación.

Para la Venta por el Dueño (FSBO) Método de venta de propiedad en el cual el dueño de la misma se desempeña como el agente de venta y maneja directamente el proceso de las ventas con el comprador o el agente del comprador.

Parapeto Parte de la pared de una casa que sobresale por arriba de la línea de techo.

Parcela Porción específica de un terreno; un lote.

Parcela de servidumbre de acceso Lote estrecho, usualmente rectangular, que prevee acceso a una calle o ruta en un área muy desarrollada. El lado más angosto del lote es el lado que bordea la ruta. Las parcelas de servidumbre de acceso son comunmente encontradas cuando el frente de la propiedad de a un lago o a la playa. Las parcelas de servidumbre de acceso son también llamadas Lotes Bandera, especialmente cuando estos tienen forma de L.

Parcela exterior Sitios individuales de venta al público localizados dentro de un centro comercial; una extensión de tierra adyacente a una extensión más grande de la cual era originalmente una parte incorporada.

Parcialmente amortizado Prestamo que requiere algunos pagos pero no cancela la deuda totalmente, eventualmente requiere un pago global final.

Pared cortafuego Pared construida de materiales resistentes al fuego diseñada para retardar la extensión del fuego.

Pared divisoria Separación entre dos arrendatarios, o entre un arrendatario y un vestíbulo o un pasillo. La pared divisoria crea un límite entre dos apartamentos, por ejemplo.

Parque industrial Área diseñada y dividida en zonas para fabricación, negocios y actividades asociadas.

Parrafo 17 Previsión de una hipoteca que tipicamente contiene una obligación en la cláusula de venta.

Parte asegurada Persona que tiene el interés en un valor ; el acreedor es la parte asegurada.

Parte competente Personas legalmente capaces de ingresar en un contrato. Las personas que son menores de edad, las mentalmente insanas o bajo influencia del alcohol o drogas no son partes competentes.

Parte complaciente Una persona o personas que han firmado un acuerdo sin recibir un valor a cambio de ese acuerdo. Un consignatario de préstamo, por ejemplo, es una parte complaciente desde que el consignatario no recibe valor alguno al haber acordado firmar como parte en el préstamo.

Parte vencedora La persona que gana un juicio.

Partes protagonistas Principales en una transacción o procedimiento judicial. El comprador y el vendedor son partes principales en un contrato de venta; un corredor, no.

Partes legalmente competentes Personas que son reconocidas por la ley como pasibles de hacer contratos con otras; aquellos de edad legal y en pleno uso de sus facultades mentales.

Partes relacionadas Partes en una cierta relación definida con otra, ya sea por sangre, por propiedad o por relación fiduciaria. Las partes relacionadas están sujetas a un diferente tratamiento impositivo en las pérdidas o ganancias de inversiones, por ejemplo.

Partición División de los intereses en una propiedad inmueble entre coarrendatarios, cuando todas las partes no acuerdan voluntariamente a finalizar la co-propiedad; la partición se llevará a cabo mediante procedimientos judiciales.

Participación de pleno dominio Estado de poseer todos los derechos en un paquete de propiedades inmobiliarias.

Pasivos Deudas y obligaciones financieras de un prestatario, ya sea a largo o a corto plazo.

Patente Subvención o franquicia de un terreno por parte del gobierno de los Estados Unidos.

Patente del gobierno Subvención de tierra original de Estados Unidos que transfiere la propiedad de tierras estatales a la gente.

Patrimonio neto Valor de una propiedad después de que

se hayan deducido los pasivos existentes; valor de una propiedad encima y sobre todos los embargos preventivos contra ella. Una propiedad que vale $400.000 con préstamos contra ella que suman $300.000 tiene un patrimonio neto de $100.000; Patrimonio de un individuo o de una compañía computado en base a la diferencia entre todos los activos y pasivos.

Patrocinador del plan Parte que es responsable de administrar un plan de beneficios de un empleado.

Peldaño Superficie horizontal de una escalera que descansa sobre la contrahuella. El peldaño es la parte de la escalera que es pisada.

Peligro Atrayente Una caraterística atractiva pero posiblemente peligrosa de la propiedad que puede atraer intrusos quienes pueden sufrir daño. Por ley, el propietario de un peligro atrayente debe tomar medidas para evitar responsabilidad. Por ejemplo, en muchas localidades se requieren de cercas de una altura para proteger piletas de natación de intrusos.

Penalidad Castigo impuesto por violar una ley o acuerdo; Dinero que se paga por romper una ley o por violar parte o el total de los términos de un contrato.

Penalidad de prepago Cargo impuesto sobre un prestatario que salda un préstamo tempranamente. Esta penalidad compensa al prestamista por el interés y por otros cargos que de otra forma hubiese perdido.

Penthouse Unidad inmobiliaria lujosa ubicada en el piso superior de un edificio de gran altura.

Pérdida de capital Pérdida por la venta de un activo fijo. Si el precio de venta es menos que el precio de compra más otros costos capitales, el dueño ha sufrido una pérdida de capital.

Pérdida de valor Expropiación o destrucción repentina por la naturaleza. Una propiedad puede perder valor a través de un dominio eminente o por ser destruida por un desastre natural.

Pérdida neta Procedimiento usado en contabilidad cuando un activo es determinado como incobrable y por lo tanto es considerado como una pérdida.

Pérdida pasiva Pérdida de una actividad pasiva; pérdidas de rentas, regalías, intereses y dividendo

Perfeccionar el título Remover una complicación o queja contra un título de un bien inmueble.

Período de accesión Período durante el cual el arrendatario ingresa al local para llevar a cabo mejoras en la preparación para abrir su negocio.

Período de aceptación Tiempo en el que un prestatario acepta el dinero de un prestamista bajo el compromiso de una línea de préstamo o crédito.

Período de ajuste Cantidad de tiempo entre ajustes para la tasa de interés en una Hipoteca con Tasa Ajustable.

Período de espera Período de tiempo entre que inicialmente se completa una declaración de registro y la fecha en que entra en vigencia.

Período de gracia Período definido en el cual un prestatario puede hacer un pago del préstamo después de su fecha de vencimiento sin incurrir en una penalización.

Período de reflexión Un período de gracia proporcionado por la ley que permite que una parte se retire de un contrato legalmente dentro de un período de tiempo especificado. La Ley de Veracidad en los Préstamos requiere un período de reflexión en transacciones que involucren residencias personales.

Período de rescate Período de tiempo establecido por la ley estatal durante el cual un dueño de una propiedad tiene el derecho de rescatar su bien inmueble de una ejecución hipotecaria pagando el precio de venta, intereses y costos. Muchos estados no tienen leyes de rescates hipotecarios.

Período de quejas Período del tiempo específico durante el cual el público puede registrar quejas sobre gravámenes de impuestos u otros problemas de la propiedad.

Período de tasa fija Período de tiempo durante el cual se le garantiza al prestatario una tasa de interés especificada.

Período de tenencia Cantidad de tiempo prevista, desde la compra hasta la venta, en que un inversionista poseerá una propiedad.

Períodos de tomas de propiedad Agregar o combinar los períodos sucesivos de ocupación continua de bienes raíces por poseedores adversos. Este concepto permite alguien que no ha estado en la posesión para el período entero estatutario para establecer una reclamación de posesión adversa.

Permiso de construcción Permiso escrito para la construcción, la alteración, o la demolición de una mejora; muestra conformidad con los códigos de edificicación y ordenanzas de zonificación.

Permiso de ocupación Permiso emitido por el cuerpo gubernamental local apropiado que establece que la propiedad es apta para la vivienda por cumplir con cierta seguridad y normas de salud.

Permiso de uso condicional Permiso gubernamental escrito permitiendo un uso contrario a la zonificación pero necesario para el bien común, tal como la localización de una instalación médica para emergencias en un área predominante residencial.

Permiso especial de uso Derecho concedido por una autoridad de zonificación para llevar a cabo ciertas actividades normalmente no permitidas dentro del distrito de zonificación. También llamado permiso de uso condicional..

Permuta Acuerdo por un promotor o agente inmobiliario para aceptar de un comprador una pieza inmueble como una parte del precio de compra de otra propiedad.

Persona Individuo, y en algunos estados una corporación o agencia del gobierno, una asociación o dos o más personas que tienen un interés común o compartido.

Persona física Individuo o persona privada, en comparación con una entidad artificial, como una corporación o una sociedad.

Pertenencia Derecho, privilegio, o mejora pertenenciente a la tierra. Una pertenencia es algo fuera de la propiedad en si, pero que es considerada parte de la propiedad y que le da mayor disfrute, como lo sería el derecho a poder atravesar la tierra de otra persona. (Las servidumbres y derechos de via son consideradas para ser pertenencias)

Petición Pedido formal o solicitar a una autoridad, por ejemplo un tribunal, buscando reparación de algo que está mal o equivocado. Una petición puede ser creada pidiendo un cambio en la zonificación, por ejemplo.

Pie lineal Medida de un pie, en una línea recta, a lo largo del suelo.

Piso Apartamento en un nivel. Un piso de 3-cuartos es un apartamento que tiene tres habitaciones en un piso.

PITI Capital, Interés, Impuesto, Seguro. Los items que son incluídos en el pago mensual al prestamista por una deuda contraída así como también por seguro de hipoteca.

Plan de Beneficio Definido (DBP) Tipo de subsidio proporcionado por un empleador que define las prestaciones sociales de un empleado como una cantidad fija o un porcentaje del sueldo del beneficiario cuando él se retire.

Plan de Contribución Definido (DCP) Tipo de plan de subsidio proporcionado por un empleador en el cual la prestaciones sociales son determinadas por la cantidad que ha sido contribuida por el patrón y/o el empleado durante la época del empleo, y por las ganancias de inversión reales en esas contribuciones sobre la vida del fondo de inversión.

Plan de espacio Tabla o mapa de exigencias espaciales para un arrendatario que incluyen ubicaciones de pared/puerta, tamaños de cuartos y hasta disposiciones de muebles.

Plan de piso Orden de cuartos en un edificio o una vivienda.

Plan de Propiedad de Tiempo Compartido (TSO) Forma de tiempo compartido en el cual un número de individuos tienen el título de una unidad particular como arrendatarios en común, teniendo el derecho cada uno usar la propiedad en momentos especificados durante el año.

Planificación de terreno Requerimientos de planificación que necesita lotes para grandes edificaciones en un esfuerzo por reducir la densidad residencial o comercial. También es llamada a veces planificación de grandes lotes o "planificación snob".

Plano Un detallado conjunto de planes de trabajo a ser usados como guía para la construcción de un edificio o una estructura.

Plano de elevación Dibujo de una propiedad de frente sin perspectiva, de la parte posterior, o de un lado que indica cómo está situada la estructura planeada o existente.

Plan de reducción de la tasa de interés Plan en el cual un vendedor utiliza fondos de la venta de la casa para reducir la tasa de interés y para rebajar los pagos mensuales del comprador.

Plan de repago Acuerdo hecho para repagar cuotas o anticipos.

Plan de sitio Descripción detallada y mapa de la ubicación de las mejoras a una parcela.

Plan general Programa gubernamental de largo alcance para regular el uso y el desarrollo de la propiedad en una manera ordenada; realizado para crear un crecimiento ordenado de la comunidad.

Plan maestro Plan integral hecho por un gobierno o una agencia estatal para dirigir el desarrollo físico a largo plazo de un área particular.

Plano Catastral Gráfico o mapa de un cierto área que muestra los límites de terrenos individuales, calles y servidumbres.

Plano de Referencia (Datum) Plano horizontal desde el cual se miden las alturas y las profundidades.

Plano del terreno Diagrama que muestra el uso propuesto o existente de una parcela de tierra específica. Tipicamente muestra la ubicación, dimensión, areas de aparcamiento y jardines.

Planos de obra finalizada Dibujos de arquitectura que muestran precisamente el método de construcción empleado y la localización de equipamiento e instalaciones. Los planos reflejan cualquier cambio a la construcción original.

Planos de trabajo Copias detalladas de los planos de un proyecto de construcción que comprenden los documentos contractuales que describen la manera exacta en la cual un proyecto debe ser construido.

Planos y especificaciones Todos los planos pertenecientes a un desarrollo bajo consideración, incluyendo el edificio y los planos con las instalaciones mecánicas y eléctricas. Incluye también instrucciones al constructor acerca de materiales, mano de obra, estilo, colores y acabado.

Planta Las instalaciones de almacenamiento de una compañía de seguros de títulos donde se guardan los registros de títulos de propiedades completos en el área.

Plaza Parque público o lugar de encuentro usualmente en el centro de un área, como puede ser en el centro de un complejo de compras.

Plazo de amortización Número de meses que tomará amortizar (pagar) el préstamo.

Plazo de un préstamo Tiempo, expresado generalmente en años, que un prestamista fija en el cual un comprador debe pagar a una hipoteca.

Plazo restante Plazo original de un préstamo luego de que le número de pagos hechos han sido restados; número de pagos o período de tiempo que queda en un préstamo.

Pleito para obtener título pleno Acción judicial con la intención de establecer o eliminar defectos de un título de una propiedad particular, especialmente cuando hay un defecto en el título.

Pleito por posesión Pleito de tribunal iniciado por un propietario para desalojar al arrendatario de una locación arrendada después de que este ha incumplido uno de los términos del arriendo o ha retenido la posesión de la propiedad después de que el mismo ha expirado.

Pleno dominio Participación más alta en las propiedades inmobiliarias reconocida por la ley; el poseedor está autorizado a todos los derechos a la propiedad.

Pleno dominio absoluto Estado máximo posible o derecho de posesión de propiedad inmueble, continuando por siempre.

Pleno dominio limitado Estado de pleno dominio calificado por una limitación especial. El lenguaje utilizado para describir la limitación incluye las palabras "siempre y cuando" o "mientras que" o "durante."

Plica Cierre de una transacción a través de un tercero llamado agente de plica que recibe ciertos fondos y documentos para ser entregados en la ejecución de ciertas condiciones resumidas en las instrucciones de plica. Un artículo valioso, dinero o documentos depositados con terceros para la entrega al momento del cumplimiento de una condición.

Plica de fondos de un préstamo Una plica en que los fondos del préstamo son depositados por el prestamista cuando está pendiente el cierre de una transacción de un bien inmueble. Frecuentemente usada cuando el compromiso de préstamo expira antes de la fecha de cierre y los fondos son mantenidos en la plica de fondos del préstamo hasta el cierre definitivo.

Plica perfecta Plica en cual todos los documentos, fondos, e instrucciones necesarias para cerrar la transacción estan en las manos del agente de plica.

Pobres en tierra Estar corto de dinero por el costo de poseer una propiedad que no produce una renta suficiente para cubrir gastos de explotación.

Pobre por gastos de vivienda Expresión utilizada para indicar que una porción importante de los ingresos de una persona van a los gastos de la vivienda, dejando poco para otros gastos.

Poco ético Carencia en principios morales, defecto en amoldarse a un código de comportamiento aceptado.

Poder Documento escrito otorgando permiso a una persona para representar a otra.

Poder de abogado Instrumento escrito que autoriza a una persona (quien se convierte en el abogado de hecho) a actuar como agente por otra persona indicada en el instrumento.

Poder de venta Cláusula incluída en una hipoteca o en un fondo de fideicomiso que estipula el hipotecario con el derecho y el poder de publicitar y vender una propiedad en remate público si el prestatario esta en mora.

Poder especial Poder especial de un abogado que está limitado a una tarea o a una serie específica de tareas; no confiere autoridad general para actuar en favor de otra parte.

Poder Policial Derecho del gobierno de imponer leyes, estatutos, y ordenanzas, incluyendo ordenanzas de zonificación y códigos edilicios, para proteger la salud pública, la seguridad y el bienestar.

Política de inversión Documento que formaliza las metas, los objetivos y las pautas de una institución para la administración de activos, contratos de consultores de inversión, comisiones y la utilización de consultores y de otros profesionales externos.

Política fiscal Política del gobierno acerca de programas de impuestos y gastos. El equilibrio entre estas dos áreas determina la cantidad de dinero que el gobierno retirará de o que introducirá en la economía, lo cual puede contrarrestar picos y depresiones económicas.

Póliza de compra Título de seguro provisto por un vendedor al comprador bajo un contrato de venta de bienes inmuebles asegurando la propiedad contra defectos. Tambien llamada Póliza de propietario.

Póliza de la Asociación de Títulos de Terrenos Americanos (ALTA) Póliza de seguro de un título que proteje el interés en una propiedad colateral (garantía) de un prestamista hipotecario que origine un nuevo crédito de bienes raíces. ALTA promueve la uniformidad y calidad en el resumen de la propiedad y en las pólizas de seguro de los títulos.

Pólizas multirriesgos Pólizas de seguro que ofrecen protección contra una gama de riesgos potenciales, tales como fuego, peligros, responsabilidad civil y heridos de muerte.

Por Escalera Apartamento al que se accede mediante una escalera sin la posiblidad de hacerlo con el uso de un elevador.

Porcentaje de los beneficios Porcentaje de las ganancias primarias por acción, excluyendo ingresos exepcionales, que son pagados a accionistas comunes como dividendos efectivos durante los siguientes 12 meses.

Porcentaje de recupero Término que describe el porcentaje de recuperación de una inversión.

Porcentaje de renta Cantidad de renta que es ajustada basandosé en un porcentaje de la ventas netas o ingresos del arrendatario

Porcentaje del costo de venta Una estimación de los costos de vender una inversión que representa las comisiones del corretaje, los costos de cierre, los honorarios, y otros costos necesarios de ventas.

Posesión El tener, controlar, o tener en custodia una propiedad para uso personal, como propietario o como un individuo con un poder legal; titularidad de propiedad inmueble bajo una demanda de propiedad de dominio absoluto.

Posesión hostil Posesión de la propiedad inmobiliaria por una persona que niega la posesión al dueño del título. La posesión hostil no reconoce el título del dueño verdadero.

Posesión por tolerancia Periodo de alquiler de un arrendatario que tiene legal posesión de la propiedad inmobiliaria pero que continúa ocupando el establecimiento incorrectamente después de que su derecho de arriendo ha expirado.

Posesión pública y notoria Posesión clara que una persona razonable, viendo la propiedad, sabría que el ocupante reclamó algún título o interés sobre la propiedad. Un dueño no pierde la propiedad debido a la posesión adversa a no ser que él o ella tengan el aviso del reclamo del ocupante sobre la propiedad.

Posesión terminable o por voluntad Estado que da al arrendatario el derecho a la posesión hasta que sea terminado por cualquiera de las partes; el término de este estado es indefinido; Ocupación de las propiedades inmobiliarias de un arrendatario por un período indefinido, terminable por una o ambas partes a voluntad. El propietario puede desahuciar al arrendatario en cualquier momento, y el arrendatario puede desocupar la propiedad en cualquier momento.

Pozo artesiano Pozo que alcanza agua que sube por medio de la fuerza natural subterranean.

Política monetaria Regulación gubernamental de la cantidad de dinero en circulación a través de las instituciones tales como el Federal Reserve Board.

Póliza de seguro de los propietarios Póliza de seguro en un paquete estándar que cubre al propietario residente de una propiedad inmobiliaria contra la pérdida financiera por fuego, hurto, responsabilidad civil y otros riesgos comunes.

Póliza de todo riesgo Póliza de seguros que cubre todos los riesgos o peligros excepto aquellos específicamente excluídos en el escrito. En otras palabras, si un riesgo no está listado ese riesgo es cubierto por la póliza.

Práctica de la ley Prestar servicios específicos de la profesión de leyes.

Prácticas injustas y engañosas Una práctica es injusta si es inmoral, poco ética u opresiva, o si se propone embaucar o engañar.

Pre-alquilado Cierta cantidad de espacio en un edificio que debe ser alquilado antes que la construcción pueda comenzar o un certificado de ocupación pueda ser emitido.

Pre-aprobación Análisis completo que un prestamista realiza en relación a la capacidad potencial de un prestatario para pagar por una casa así como también la confirmación de la cantidad propuesta a ser prestada.

Pre-aprobación de hipoteca Proceso donde un prestamista especifica que un prestatario es financieramente calificado y solvente para un tipo específico de préstamo bajo términos y condiciones específicos.

Precalificación Análisis realizado por el prestamista al potencial prestatario acerca de su capacidad de pagar por una casa así como también un estimado de que cantidad de dinero el prestamista puede darle al comprador.

Precedente judicial En la ley, requerimientos establecidos por decisiones anteriores de la corte.

Precio Cantidad de dinero que se intercambia por algo que tiene valor. El Precio no es un valor; valor es una opinión de valía, mientras que el precio es la cantidad de dinero real pagada que establece el valor.

Precio base Precio mínimo puesto por el tribunal en una ejecución judicial. La propiedad no puede ser vendida debajo de aquel precio en una subasta pública. El precio base típicamente no excede el valor justo de mercado de la propiedad.

Precio de la vivienda Precio en el que convienen un comprador y un vendedor, basado generalmente en el valor comercial en el que está tasada la vivienda.

Precio neto de compra Precio bruto de compra menos cualquier deuda financiada asociada.

Precio Solicitado El precio que un propietario desearia recibir. El precio solicitado no es precisamente el precio mas bajo del propietario. El precio solicitado puede ser descripto también como el "precio publicado".

Predio Parcela de tierra generalmente poseída por subdivisión; una subdivisión.

Prefabricados Materiales de construcción pre-manufacturados entregados sin montar al sitio de edificio; pueden ser montados e instalados rápidamente.

Prefirma Reunión preliminar antes del cierre formal del contrato para revisar y firmar documentos y preparar todo para el cierre formal del contrato. La Prefirma ocurre frecuentemente cuando se deben cerrar múltiples unidades en el mismo día.

Prenda Transferencia o entrega de un propiedad para ser mantenida como garantía de pago de una deuda.

Prescripción Adquirir derechos a través de una posesión adversa.

Prescripción adquisitiva Real, abierta, notoria, hostil y continua posesión de la tierra de otro bajo un reclamo del título. Posesión por un período establecido por la ley puede ser un medio para adquirir el título. El permiso dado por el dueño en un contrato de arrendamiento no constituiría posesión adversa porque la posesión no es hostil. Por ejemplo, una persona puede adquirir el título de la tierra viviendo en ella por 20 años si el dueño legal es desconocido.

Presentación para un préstamo Paquete de papeles y documentos que apoyan la solicitud de un préstamo, recibido por un prestamista para su revisión y consideración.

Prepago Dinero que es pagado para reducir el saldo de un préstamo antes de la fecha de vencimiento.

Prestamista Cualquier parte que origine o lleve a cabo préstamos.

Prestamista de hipoteca comercial Agente especializado en el financiamiento de préstamos de hipoteca comercial.

Prestamista institucional Intermediarios financieros que invierten en préstamos y otros valores en nombre de inversionistas o de depositantes; los préstamos hechos por los prestamistas institucionales son regulados por la ley.

Prestamista líder Prestamista que financia la parte inicial de un préstamo grande y arregla para que otros inversionistas institucionales o privados patrocinen el saldo del financiamiento. El prestamista líder maneja, típicamente, la revisión del préstamo.

Préstamo Cantidad de dinero que se pide prestado y se devuelve generalmente con interés; oferta de dinero prestado; acuerdo para el financiamiento de una deuda.

Préstamo acreditado Préstamo en el cual han sido recibidos o cobrados varios pagos.

Préstamo ADC Préstamo que cubre la Adquisición, Desarrollo y Construcción de un proyecto de urbanización. Su propósito

P

es permitir al promotor comprar la tierra, poner las calles y servicios públicos, y la construcción de edificaciones o casas.

Préstamo asegurado Préstamo que es asegurado por algún tipo de aval.

Préstamo autorizado Hipoteca que cumple con las condiciones para ser comprado por Fannie Mae o Freddie Mac.

Préstamo combinado Una hipoteca que cubre más de un paquete de propiedades inmobiliarias, previendo el lanzamiento parcial de cada paquete del embargo preventivo de hipoteca sobre el reembolso de una porción definida de la deuda.

Préstamo con pago de interés solamente Hipoteca por la cual el prestatario paga solamente el interés que se acrecienta en el saldo del préstamo cada mes.

Préstamo con poca documentación Hipoteca que requiere solamente una verificación básica de la renta y de los activos.

Préstamo concatenado Combinación de un préstamo para la construcción con un compromiso a un préstamo permanente; una hipoteca sujeta por más de un prestamista, con un prestamista manteniendo los derechos de los otros en subordinación.

Préstamo convencional Préstamo a largo plazo de un prestamista no gubernamental que un prestatario obtiene para la compra de un hogar. Los préstamos VA y FHA no se consideran préstamos convencionales. La tasa fija, las hipotecas de término fijo típicamente se consideran como préstamos convencionales.

Préstamo de alto riesgo Préstamo ofrecido a solicitantes que no poseen altas calificaciones crediticias. Los préstamos de alto riesgo típicamente llevan tasas de interés y honorarios más altos.

Préstamo de capital compartido Préstamo donde un dueño-residente divide los incrementos de capital en el valor de la vivienda con un dueño-inversionista quien contribuye para con la seña y las cuotas mensuales de la vivienda.

Préstamo de desarrollo Igual que el préstamo para la construcción; dineros prestados para comprar tierra, preparar el sitio y construir edificios o viviendas.

Préstamo de FHA Préstamo asegurado por la Administración Federal de la Vivienda y hecho por un prestamista aprobado de acuerdo con las regulaciones de la FHA.

Préstamo de tasa fija Préstamo con un tipo de interés que no cambia a lo largo de la vida del préstamo.

Préstamo del gobierno Hipoteca que es asegurada o garantizada por el FHA, el Departamento de Asuntos de Veteranos (VA) o el Servicio Rural para la Vivienda (RHS).

Préstamo directo Préstamo en el cual sólo el interés es pagado durante el período del préstamo con la cantidad total de la deuda del capital con el pago final del interés. También conocido como préstamo de término.

Préstamo envolvente Técnica de refinanciación en la cual la nueva hipoteca es colocada en una posición secundaria o subordinada; la nueva hipoteca incluye tanto el saldo impago de la primera hipoteca como cualquier suma adicional anticipada por el prestamista. En esencia esto es una hipoteca adicional en la cual otro prestamista refinancia al prestatario prestando una cantidad sobre la suma existente de la primera hipoteca, pero sin molestar la existencia de la primera hipoteca. Los préstamos envolventes son populares donde el prestatario desea obtener el dinero efectivo a través de la refinanciación de un préstamo existente pero el actual prestamista no está dispuesto a hacerlo en condiciones razonables; y una segunda hipoteca convencional de otro prestamista puede no estar disponible o ser inviable a causa del interés excesivamente alto y/o servicio de deuda; o el préstamo existente tiene una tasa de interés mucho más baja que las tasas corrientes del mercado.

Préstamo exigible o a la vista Crédito que el prestamista puede exigir en cualquier momento; el prestamista puede requerir el reembolso del salto total del préstamo en cualquier momento, por cualquier razón.

Prestamo Global Un préstamo inmobiliario usado para financiar la compra tanto de bienes inmuebles como de propiedades personales, como lo es la compra de un nuevo hogar que incluya alfombrar, instalar cortinas y la compra de electrodomésticos.

Préstamo improductivo Acuerdo de préstamo que no puede cumplir sus pagos contractuales del capital y de interés.

Préstamo indexado Préstamo a largo plazo en el cual las condiciones de pago pueden ser ajustadas basadas en cambios en un índice especificado.

Préstamo Jumbo Tipo de hipoteca que excede el límite establecido por Fannie Mae y Freddie Mac. Los préstamos Jumbo se deben mantener en la cartera del prestamista o vender a los inversionistas privados.

Préstamo no conforme Cualquier préstamo que es demasiado grande o no cumple con ciertas calificaciones para ser comprado por Fannie Mae o Freddie Mac.

Préstamo para la adquisición de vivienda (PMM) Hipoteca obtenida por un prestatario que se usa como pago parcial para la compra de una propiedad.

Préstamo para la construcción Un préstamo a corto plazo para financiar el costo de una construcción, dispensado generalmente en etapas a través del proyecto de construcción. La mayoría de los préstamos para la construcción prevén desembolsos periódicos como las etapas de la terminación de la construcción se van alcanzando.

Préstamo para la construcción permanente Préstamo para la construcción que se puede convertir en una hipoteca tradicional de más largo plazo después de que la construcción sea completada. Algunos préstamos para la construcción no son convertibles, requiriendo al prestatario obtener financiamiento permanente por separado; los préstamos permanentes para la construcción contienen provisiones permitiendo la conversión de un préstamo para la construcción en una hipoteca convencional.

Préstamo permanente Préstamo hipotecario a largo plazo.

Préstamo pre-aprobado Un préstamo pendiente en el cual todos los documentos subyacentes estan archivados y donde hay una gran posiblidad de que ningún problema de crédito o de ingresos podrán impedir el otorgamiento del préstamo.

Préstamo pre-calificado Opinión dada por el prestamista que establece que basándose en una examinación del reporte de crédito y en una entrevista con el posible prestatario este clasificará para un préstamo específico. La pre-clasificación no incluye una revisión formal de documentos financieros para asegurar que el prestamista clasificará.

Préstamo puente Financiamiento de hipoteca entre el final de un préstamo y el principio de otro préstamo, o un préstamo a corto plazo para los individuos o compañías que todavía están buscando un financiamiento más permanente. Los préstamos puente se utilizan con frecuencia durante la fase de construcción de una propiedad.

Préstamo punto Préstamo sobre una propiedad particular (por lo general un condominio) hecho por un prestamista que previamente no ha financiado aquel proyecto de condominio en particular. Muchos prestamistas no están dispuestos a prestar dinero para una unidad sola en un desarrollo de condominio grande a no ser que reciba honorarios especiales para aranceles legales y otros servicios.

Préstamo reembolsable al vencimiento Un préstamo con un término de 5 a 10 años y sin ninguna amortización (sin pagos mensuales). Al vencimiento es debida la cantidad completa del capital y el interés es debida.

Préstamo sin aval personal Préstamo en el cual el prestatario es personalmente responsable en el caso de mora.

Préstamo sin costo Préstamo para el cual no hay costes asociados al mismo cargados por el prestamista, pero que lleva típicamente una tasa de interés levemente más alta.

Préstamo sin documentación Tipo de solicitud de préstamo que no requiere ninguna verificación de ingresos o de activo; otorgado generalmente basado en un crédito fuerte con una seña grande.

Préstamo sin garantía Préstamo que no tiene aval o caución en garantía. Un préstamo sin garantía es aprobado basado en la reputación y la historia de crédito del prestatario, no sobre el valor de un activo subyacente.

Préstamo sobre el capital de la vivienda Préstamo (a veces llamado línea de crédito) bajo el cual un dueño de una propiedad utiliza su residencia como garantía y puede entonces retirar fondos hasta una cantidad prearreglada contra la propiedad.

Préstamo subordinado Segunda o tercera hipoteca obtenida con la misma propiedad que es usada como aval.

Presumpción Ley que estipula que una corte avalará una deducción de un cierto hecho o evidencia a menos o hasta que la verdad de esa deducción sea desaprobada o rebatida. Por ejemplo, la fecha de un contrato es asumida como exacta a menos que sea probado lo contrario.

Presupuesto de operación Expectativa razonable del futuro ingreso y gastos de la explotación de una propiedad.

Preventa Venta de propiedades proyectadas, así como lo son los condominios o nuevas residencias, antes que la construcción empieze efectivamente.

Prima Costo de una póliza de seguro; el valor de una hipoteca por sobre su costo nominal, la cantidad por encima del precio de mercado pagado por alguna característica excepcional.

Prima de mantenimiento de rendimiento Pena que el prestatario debe pagar para compensar a los inversionistas en el caso del pago anticipado del capital.

Prima de Seguro de Hipoteca (MIPS) Suma cargada por el seguro de hipoteca, a una agencia estatal o a una compañía privada de MI.

Primera posición de pérdida Posición de un valor que sufrirá la primera pérdida económica si los activos debajo de éste pierden valor o son ejecutados.

Primera casa Hogar de personas que compran una propiedad por primera vez.

Primera hipoteca Hipoteca principal en una propiedad; hipoteca que tiene prioridad como embargo preventivo antes del resto de las hipotecas. En el caso de la ejecución de una hipoteca, la primera hipoteca será satisfecha antes de otras hipotecas.

Primeros papeles Documentación inicial en una transacción.

Principal Una de las partes fundamentales en una transacción; suma prestada o empleada para una inversión, distingida por su ganancia o lucro; el monto original (en un préstamo) del total adeudado y pagable a una cierta fecha; una parte importante en una transacción o la persona para la cual el agente trabaja.

Principio de conformidad Concepto en el que una propiedad probablemente aumentará su valor si su tamaño, antiguedad, condición y estilo son similares a otras propiedades en el área inmediata.

Prioridad Doctrina legal que establece que una ley es superior a otra; algunas leyes federales tienen prioridad sobre leyes estatales.

Prioridad Orden de posición o tiempo. Las prioridades de embargos son generalmente determinadas por el orden cronológico en el que los documentos de embargo fueron registrados ; los impuestos de embargos, sin embargo, tienen prioridad aún sobre registros de embargos previos.

Privilegio de Prepago Derecho que se le otorga a un prestatario para pagar el saldo antes del vencimiento libre de penalidad; también conocido como Derecho de prepago.

Probabilidad de renovación Porcentaje promedio de locatarios de un edificio de quienes se espera que renueven sus contratos a un precio de alquiler de mercado una vez terminado el contrato de arrendamiento.

Proceso residual Proceso de tasación usado en el metodo de tasación "enfoque de la renta" para estimar el valor del terreno y de los edificios como lo es indicado por la capitalización de la renta neta atribuible a ellos.

Pro forma Declaración que muestra lo que es esperado que ocurra más alla de los resultado reales.

Programa Comunal Fannie Mae para Compradores de Vivienda Modelo de préstamos de la comunidad basado en la renta del prestatario en la cual los aseguradores de hipoteca y Fannie Mae ofrecen pautas financiadas flexibles para aumentar el poder adquisitivo para una familia de ingreso moderado o bajo y para disminuir la cantidad total de efectivo necesaria para comprar un hogar.

Programa de co-inversión Cuenta separada para una compañía de seguros o sociedad de inversión en la cual dos o más fondos de jubilaciones y pensiones pueden co-invertir su capital en una propiedad individual o una cartera de propiedades.

Programa de ventas garantizadas Servicio ofrecido por algunos agentes en el cual acuerdan pagar al dueño de una propiedad en venta un precio predeterminado si la propiedad no se vende dentro de un período de tiempo especificado. Porque la venta está garantizada, el dueño es libre de entrar en un contrato para comprar otra propiedad.

Programa de Renta Declaración de precios de alquiler, determinado por el dueño o por el administrador de la propiedad o por ambos, basándose en los gastos estimados del edificio, oferta y demanda del mercado y los objetivos a largo plazo que tiene el dueño acerca de esa propiedad.

Progresión Principio de tasación que establece que, entre propiedades diferentes, el valor de la propiedad de menos calidad es afectada favorablemente por la presencia de propiedades de mejor calidad.

Promedio libre de renta Número de meses que se le otorgará a un inquilino como concesión como parte de un incentivo para alquilar bajo las condiciones de mercado corrientes. Esta figura puede aumentar o disminuir basada en la oferta y demanda y otros factores económicos.

Promedio Ponderado de tiempo de la tasa anual de retorno. Retorno regular anual sobre varios años que tendría el mismo valor de retorno que la combinación de los retornos anuales reales para cada año en la serie.

Promesa Manifestación de la veracidad de una declaración. Una promesa es utilizada en el lugar de un juramento; por ejemplo, cuando una persona objeta prestar juramento por razones religiosas o personales.

Promulgar Publicar o imprimir.

Propiedad Derechos o intereses que un individuo tiene sobre una tierra u otro bien y que excluyen a todas las demás partes; derechos ganados de posesión de riqueza.

Propiedad a intervalos o de tiempo compartido Propiedad de tiempo compartido donde el dueño adquiere el título de una unidad específica por una semana o ciertas semanas por año.

Propiedad a reemplazar La primer propiedad transferida en una transacción retrasada con impuestos diferidos. La propiedad por la cual se realiza el intercambio se la llama propiedad reemplazada.

Propiedad comercial Propiedad diseñada para el uso de venta al por menor, venta al por mayor, oficina, hotel u otros servicios de negocios. Típicamente las propiedades comerciales no son estructuras residenciales de largo plazo.

Propiedad de dominio absoluto Propiedad en tierra en la cual la titularidad es por una cantidad de tiempo indeterminada, en contraste con una propiedad arrendada.

Propiedad de inversión Propiedad inmobiliaria que genera una cierta forma de renta.

Propiedad de período a período Un interés en la propiedad arrendada que continúa de período a la período, semana a semana, mensualmente, o año a año.

Propiedad de renta Propiedad particular que se utiliza para generar renta pero no es ocupada por el dueño.

Propiedad de utilidad especial Edificio con usos limitados y comerciabilidad, como una escuela, teatro o iglesia.

Propiedad de vivienda Vivir en una estructura poseída por el residente.

Propiedad de 2 a 4 familias Una estructura que proporciona el espacio vital para dos a cuatro familias mientras la propiedad es sostenida por una sola escritura.

Propiedad del mismo tipo Propiedad que tiene la misma naturaleza que otra.

Propiedad en arrendamiento Derecho de un arrendatario de ocupar la propiedad inmobiliaria durante el término de un arriendo, se considera generalmente como un interés personal de la propiedad.

Propiedad en dominio limitado Estado de la tierra que tiene una duración de tiempo predeterminada; más comúnmente llamado arrendamiento.

Propiedad estigmatizada Propiedad que ha adquirido una reputación indeseable debido a un acontecimiento que ocurrió en o cerca de ella, como un crimen violento, actividades relacionadas con pandillas, enfermedad o una tragedia personal. Algunos estados restringen la revelación de información sobre propiedades estigmatizadas.

Propiedad física Propiedad real, visible. Los edificios, las cercas, las aceras, y las calzadas son propiedades física. Las servidumbres, por ejemplo, son no físicas.

Propiedad individual Posesión de un bien inmobiliario por una sola persona, también llamada propiedad exclusiva.

Propiedad inmueble depreciable Propiedad inmobiliaria que está sujeta a deducciones por depreciación. Generalmente se refiere a la propiedad usada en un negocio, o como inversión.

Propiedad institucional Tipo de propiedad de bienes raíces poseídas o financiadas generalmente por inversionistas institucionales exentos de impuestos.

Propiedad mancomunada Copropiedad, reconocida en algunos estados, de propiedad adquirida por marido y esposa durante el matrimonio. Sobre la muerte de uno de los esposos el sobreviviente se convierte en dueño de la propiedad.

Propiedad personal Cualquier ítem que pertenezca a una persona que no es un bien inmueble; propiedad que no es movible y que no está fija al suelo.

Propiedad personal tangible Propiedad que puede ser vista, tocada y movida sin gran dificultad, excluyendo los bienes inmuebles.

Propiedad por años Interés por cierto período de tiempo exacto en una propiedad arrendada por un precio especificado.

Propiedad reemplazada Propiedad intercambiada en una transferecia con impuestos diferidos.

Propiedad residencial Propiedad edilicia designada para la ocupación humana.

Propiedad ribereña Bienes inmuebles que lindan con un cuerpo de agua como un lago, río, canal u océano.

Propiedad libre de gravámenes Bienes inmuebles con un título libre y claro.

Propiedad tangible Bienes inmuebles y otros objetos de valor que pueden ser vistos y tocados.

Propiedad vacacional Propiedad que se arrenda a turistas o para uso recreacional o de ocio debido a sus cualidades naturales o de belleza o a sus instalaciones. Playas, lagos, canchas de golf y centros de ski son considerados propiedades vacacionales.

Propiedad vitalicia Interés en una propiedad inmueble o

personal que se limita en la duración al curso de la vida de su dueño o a alguna otra persona o personas señaladas.

Propiedades de áreas comunes A veces llamado Honorarios de la Asociación de Propietarios. Cargos pagados a la Asociación de Propietarios por los dueños individuales de las unidades, en un condominio o Unidad de Desarrollo Planificada (PUD), que se utilizan generalmente para mantener la propiedad y las áreas comunes.

Propiedades principales Los tipos principales de propiedades, oficinas específicas, propiedad minorista, industrial y multifamiliar.

Propiedades reposeidas (REO) Propiedades que una institución de ahorros posee como resultado de una ejecución hipotecaria a un prestatario en cese de pago; propiedades que no se vendieron en el remate de ejecución y fueron devueltas en propiedad al prestamista.

Propiedades y herencias Frase federal usada para describir todos los tipos de propiedades inmobiliarias "inmuebles", incluyendo tierra, edificios y derechos; la propiedad completa del paquete de derechos en una propiedad.

Propietario ausente Un propietario que no reside o maneja personalmente una propiedad. Éste puede contratar a un encargado para supervisar sus propiedades en alquiler.

Propietario registrado El dueño con título; el titular de una propiedad como lo demuestra una examinación de los registros; el individuo o compañía que ha registrado el título.

Proporción de Aparcamiento Una cifra, generalmente expresada en pies cuadrados, que compara el total de superficie rentable de un edificio con el número total de espacios de aparcamiento.

Proporción de costo total Comparación de las obligaciones mensuales de deudas con el ingreso bruto mensual.

Proporción de Gastos de Vivienda (HER) Porcentaje de la ingreso bruto que se dedica cada mes a los costos de la vivienda.

Propuesta Instrumento usado para hacer una oferta, como puede ser una oferta para comprar.

Prorratear Dividir los gastos de una propiedad, como lo son los impuestos y seguros, entre el comprador y el vendedor de una propiedad. Usado tipicamente para dividir los costos anuales entre las dos partes. Por ejemplo, si una propiedad es comprada el 1 de Julio, el vendedor deberá pagar el 50 porciento de las resposabilidades de impuestos por ese año, y el comprador será responsable por el otro 50 por ciento.

Prorrateo Gastos que son consignados entre el vendedor y el comprador; gastos que son prepagados o pagados en mora que son divididos o distribuidos entre el vendedor y el comprador al momento de cierre.

Proveedor de materiales Surtidor de los materiales usados en la construcción de una mejora.

Proyecto Definido, con propósito de conseguir un préstamo, como una o unas viviendas que consisten en 5 o más unidades de una familia; un desarrollo como lo es un condominio o un centro de compras.

Proyecto de llave en mano Proyecto en el cual alguien aparte del dueño es el responsable de la construcción de una edificación o de las mejoras del arrendatario; un desarrollo en el cual el promotor inmobiliario es el responsable de completar el proyecto entero de parte del comprador.

Prueba de percolación Prueba realizada al suelo para determinar si este absorberá y drenará agua de forma adecuada para usar un sistema séptico de depuración de aguas residuales.

Prueba del seguro Póliza de seguro temporal implementada mientras que se elabora o se obtiene una póliza permanente.

Prueba prima facie Evidencia que es buena y suficiente, a primera vista, para establecer un hecho.

Publicidad falsa Describir la propiedad en una manera engañosa.

Punto de descuento Una comisión que el prestamista cobra para dar una menor tasa de interés, equivalente al uno por ciento del monto del préstamo.

Punto base Término para 1/100 de un punto del porcentaje. Utilizado típicamente por los mercados financieros. Por ejemplo, si las tasas de interés disminuyen desde 5.25 por ciento a 5.15 por ciento, la reducción es 10 puntos base (5.25 menos 5.15).

Punto de descuento Unidad de medida usada para describir varios cargos del préstamo; un punto es igual a 1 por ciento de la cantidad del préstamo. Por ejemplo, $2.000 equivale a un punto de descuento en un préstamo de $200.000. Los puntos del descuento son típicamente los honorarios que un prestamista carga para proveer una tasa de interés más baja.

Punto de equilibrio El punto en el cual la renta de un propietario del alquiler empareja costos y deuda. Si el total de alquileres y de renta iguala el total de pagos y de costos, la propiedad está en el punto de equilibrio.

Punto de Inicio (POB) En una descripción legal de límites y divisiones, el punto de comienzo de una medición, situandosé en una esquina del terreno; todas las descripciones de límites y divisiones deben seguir los límites del terreno de vuelta al punto de inicio.

Punto de inflexión Frase que se refiere al punto donde números suficientes de minorías se han mudado en un área que resultan en que grandes números de grupos de mayoría se muevan a otra área.

Punto de referencia Una marca permanentemente fijada que establece la elevación exacta; los topógrafos usan puntos de referencia para medir elevaciones del sitio o como puntos de partida para inspecciones.

Puntuación de crédito Es el número del reporte de crédito de un consumidor que representa un resumen estadístico de la información.

Pur autre via Por la vida de alguien. Usado para referirse a las propiedades otorgadas no en perpetuidad sino solo por la duración de la vida de un individuo determinado.

Quadrominium Proyecto de condominio de cuatro unidades.

Quadruplex Una vivienda que contiene cuatro unidades residenciales separadas. Quántum Término utilizado para describir la cuantía o la cantidad de un patrimonio, midiendo su duración y no su calidad. Por ejemplo, un patrimonio durante 55 años es un quantum no una expresión de valor.

Quántum meruit Teoría legal conforme a la cual una persona puede recuperar el valor razonable de servicios presentados en la ausencia de un acuerdo legal entre las dos partes. También conocido como enriquecimiento ilícito.

Quórum Número mínimo de personas requerido para estar presente antes de que una reunión especificada pueda ocurrir oficialmente y autorizar a que un negocio pueda ser conducido.

Radón Gas natural que es sospechado de causar cancer de pulmón.

Rango de Valor Valor de mercado de una propiedad, usualmente establecido entre un límite máximo y uno mínimo. Por ejemplo, los agentes de bienes inmuebles usualmente estiman un rango de valor para determinar el precio de lista de la propiedad.

Ratificación Método de crear una relación de agencia en la cual el principal acepta la conducción de alguien quien actuó sin la autorización previa del agente principal.

Razón anticipada de pagos Medida que un prestamista utiliza para comparar el costo mensual de la vivienda de un prestatario con la renta mensual en bruto.

Realtist Miembro de la organización nacional conocida como National Association of Real Estate Brokers (NAREB).

REALTOR® Marca registrada reservada para uso exclusivo de miembros activos afiliados con la Asociación Nacional REALTORS®.

Reaseguro Contrato por el cual el asegurador original obtiene un seguro por parte de otra aseguradora cubriéndose de pérdidas de la póliza original. La compañía reaseguradora asume los derechos, deberes y responsabilidades del asegurador original.

Recaptura El acto de la IRS de recobrar el bebeficio impositivo de una deducción o de un crédito que un tributario tenía previamente debido a un error.

Recaptura de la depreciación Cuando la propiedad inmueble se vende con ganancias en un aumento y se ha demandado la depreciación acelerada, el dueño puede ser requerido pagar un impuesto en las tarifas (no-aceleradas) ordinarias al grado de exceso de la depreciación acelerada.

Recargo Alquiler adicional cargado a los arrendatarios que consumen servicios públicos en forma superior a las cantidades permitidas en los términos del arriendo.

Recaudador principal Entidad que actúa en nombre de un administrador en beneficio de los tenedores de valores recogiendo fondos de un prestatario, anticipando fondos en el caso de moras y en el caso de incumplimiento, tomando una propiedad a través de ejecución hipotecaria.

Rechazo Práctica ilegal de prestamistas quienes se niegan a otorgar prestamos para la vivienda en ciertas áreas, sin importarle la calificación de los prestatarios potenciales.

Recibo Declaración escrita de haber recibido dinero, mercaderías o servicios.

Reciprocidad Acuerdo mutuo de aceptar; intercambio mutuo de privilegios.

Reconocimiento Declaración formal realizada ante un oficial debidamente autorizado, usualmente un escribano público, por una persona que ha firmado un documento.

Los documentos que requieren reconocimiento deben ser atestiguados por un official autorizado como lo es un escribano público para ser legal y ejecutable; término impositivo que significa que una transacción es gravable.

Recopilación Esfuerzo de parte de un prestamista, debido al incumplimiento de un prestatario sobre un préstamo, que implica enviar y registrar ciertos documentos en caso que el procedimiento de la ejecución de una hipoteca deba ser implementado.

Rectangular Sistema de medición (gubernamental) Sistema establecido en 1785 por el gobierno federal estipulado para medir y describir terrenos en referencia a los meridianos principales y a las líneas base.

Recuperación del Costo Término del IRS para la depreciación.

Recurso Opción que tiene el prestamista de recobrar contra los activos personales de una parte secundaria que es responsable por una deuda en mora.

Recurso completo Préstamo en el cual la responsabilidad es transferida a un endosante o a un garante en el acontecimiento de mora del prestatario.

Reducción del interés Técnica de financiamiento utilizada para reducir los pagos mensuales por los primeros años de un préstamo. Los fondos en forma de puntos de descuento son dados al prestamista por el constructor o el vendedor para reducir el tipo de interés pagado por el comprador, reduciendo así las cuotas mensuales por un tiempo establecido.

Reembolso Devolución que resulta de una compra o un impuesto; una comisión, frecuentemente ilegal si es hecha sin el conocimiento de todas las partes.

Refinanciación Remplazar un préstamo viejo por uno nuevo; saldar un préstamo con los fondos de otro préstamo.

Refinanciación de tasa y término Una transacción de refinanciación que es prevista sólo para cubrir el saldo pagadero en el préstamo actual y cualquier coste asociado a obtener la nueva hipoteca.

Refinanciamiento con obtención de efectivo Acto de refinanciar una hipoteca por una cantidad que es más alta que la cantidad original con el fin de usar el efectivo restante para el uso personal.

Reformación Acción legal que corrige o modifica una escritura que no refleja exactamente las intenciones de las partes debido a un algún error – tipicamente un error tipográfico en el contrato.

Refuerzos Pago requerido por una hipoteca además del capital e interés.

Regalía Dinero pagado al dueño de una propiedad por la extracción de algún recurso valuable de la tierra.

Regalía o Canon especial Honorarios de regalías retenidos por un arrendatario de un arrendamiento de petróleo y gas cuando la propiedad es subarrendada.

Registrador Persona que mantiene registros exactos y oficiales como lo son escrituras, hipotecas y otros documentos.

Registro Acto de ingresar o registrar documentos que afectan o transmiten intereses de bienes inmuebles en una oficina de registros. Hasta que es registrada, una escritura o hipoteca no es efectiva contra compradores subsecuentes o acreedores hipotecarios; la oficina de registro guarda los detalles de los documentos legales ejecutados apropiadamente.

Registro Catastral Registro público de mapas de tierra subdividida, mostrando la división de la tierra en bloques, lotes y parcelas, indicando las dimensiones de cada terreno.

Registro de arrendamientos Lista de locatarios mostrando la renta de su alquiler y la fecha de vencimiento de cada uno.

Registros catastrales El registro público de el valor tasado de una propiedad en una jurisdicción. El registro catastral de una ciudad muestra el valor total tasado (junto a un análisis individual de valores) de todas las propiedades de la ciudad.

Regla del 5 Regla que es usada por subdivisores para estimar los costos de subdivisión. En general, el 20% del precio de venta final será para la adquisición de los terrenos; 20% será gastada en mejoras, como nivelación, caminos, etc.; 20% a costos misceláneos como lo son intereses y lotes no vendidos; y 40% a costos administrativos, comisiones de ventas y ganancias.

Regla de 72 Ecuación matemática que calculará un monto aproximado del tiempo que llevará doblar su dinero en ingresos de interés compuesto. Dividiendo el porcentaje de interés en 72 resulta en el número de años que le llevará duplicar la suma original.

Regla de evidencia oral Evidencia verbal, mas que evidencia contenida en documentos. La regla de evidencia oral establece que cuando las partes ponen sus acuerdos en forma escrita, todos los acuerdos orales previos se fusionan con el acuerdo escrito.

Reglamentación de construcción Regulaciones y leyes que controlan el empleo o la mejora de tierra en un área o zona particular.

Reglas de la casa Reglas de conducta adoptadas por el concejo de una asociación de propietarios de un condominio; diseñadas para crear una vida armoniosa entre dueños e inquilinos.

Reglas de riesgo Leyes impositivas que limitan la cantidad de pérdidas de impuestos que un inversor puede reclamar. Pérdidas en inversiones en bienes raíces están limitadas a la cantidad de dinero que un inversor dice perder.

Reglas y regulaciones La autoridad de licenciamiento de bienes raíces que regula a los licenciados; usualmente tienen la misma fuerza y efecto que una ley.

Regresión Principio de tasación que establece que, entre propiedades disímiles, el valor de la de mejor calidad es afectada adversamente por la presencia de una propiedad de menor calidad.

Regresión múltiple Técnica utilizada para estimar el valor de una propiedad en cuestión basada en los precios conocidos para propiedades comparables. Frecuentemente usada para crear valoraciones totales para residencias familiares.

Regulación Regla u orden prescripta por la administración o el gobierno. Las regulaciones frecuentemente tienen el efecto y la fuerza de una ley.

Regulación Z Legislación federal bajo la Ley de Veracidad en los Préstamos que requiere a los prestamistas de notificar al prestatario por escrito de todos los costos que están asociados con la parte de crédito en una transacción financiera.

Rehab Abreviación de Rehabilitación. Se refiere a una renovación extensiva prevista para extender la vida de un edificio o proyecto.

Rehabilitación Volver algo a su posición anterior. Un préstamo en mora que es devuelto a estado de pagado es considerado una rehabilitación.

Rehabilitar Restaurar una estructura.

Reingreso El derecho legal de un dueño a poseer la propiedad cuando los términos de la posesión del locatarios han terminado.

Reivindicación Procedimiento legal para recobrar la posesión de propiedad personal, tomada de forma illegal, como lo es cuando el locador no puede cobrar la renta por parte del locatario.

REIT Fondo de Inversiones Inmobiliarias. Es una designación de impuestos para una corporación que invierte en bienes inmuebles que reduce o elimina impuestos corporativos sobre la renta. La estructura del REIT fue diseñada para estipular una estructura similar para inversiones en bonos o acciones.

REIT autoadministrado REIT en el cual la administración es llevada a cabo por los empleados del mismo o de una entidad similar.

REIT autodirigido REIT en el cual la dirección son los empleados del mismo o de una entidad similar.

REIT privado Compañía de inversión en bienes inmuebles que está estructurada como un fondo de inversión y que coloca y tiene acciones en forma privada.

Relación fiduciaria Relación de confianza, como entre

administrador y beneficiario, abogado y cliente, o director y agente.

Relación precio-benefio Comparación que es derivada de la división del precio por acción actual por la suma de las ganancias primarias por acción a lo largo del año pasado. Usada tipicamente como herramienta para evaluar acciones.

Relación Préstamo-Valor (LTV) Cociente de la suma del préstamo de la hipoteca y el valor de las propiedades inmobiliarias que están comprometidas como garantía.

Relleno Reemplazo de tierra excavada en un agujero o contra una estructura.

Remanente Saldo restante de un préstamo cuando el término del mismo está más allá del término de un arriendo. Una propiedad con un préstamo de 20 años y un arriendo 15 años tiene un remanente de cinco años.

Remate Vender tierra o propiedades personales invitando a ofertantes. La propiedad es vendida a la oferta más alta. Las ofertas pueden ser orales o escritas y públicas o privadas. Muchos estados requieren que las propiedades con ejecuciones de hipoteca sean rematadas.

Remate público Reunión pública anunciada realizada en un determinado lugar con el objeto de vender una propiedad para pagar una deuda.

Renderización Dibujo o pintura con una vista perspectiva de un desarrollo potencial para mostrar como este lucirá cuando esté completo; tipicamente una visión artística mas que una visión técnica de la propiedad o desarrollo propuesto.

Rendimiento Rédito real sobre una inversión, por lo general pagados en dividendos o intereses.

Rendimiento actual La cantidad del cupón divida por el precio.

Rendimiento al vencimiento (YTM) Tasa interna de retorno sobre una inversión. Evalúa todos los flujos de entrada y flujos de salida de los retornos de inversión y el cronometraje de aquellos acontecimientos.

Rendimiento del efectivo Porcentaje neto del flujo de efectivo de una propiedad y la cantidad media de capital invertido durante el año de funcionamiento especificado.

Rendimiento neto Porción de la rentabilidad bruta que queda luego de que se deduzcan todos los costes.

Rendimiento nominal Rentabilidad que los inversionistas reciben antes de que sea ajustada por honorarios, inflación o riesgo.

Renegociacion del alquiler Revisión de un alquiler existente en un momento específico para negociar nuevos términos de alquiler.

Renombre Activo del negocio, de valor intangible, creado por las relaciones entre el cliente y el proveedor. Un negocio con una reputación excepcional puede tener un valor más alto debido a al renombre.

Renovación urbana Remoción de edificios viejos y decrépitos para permitir que esa tierra sea puesta al servicio de un mejor y más productivo empleo.

Renta/Alquiler Pago que se realiza por la ocupación y/o uso de una propiedad o equipación arrendada.

Renta base Cantidad que se utiliza como alquiler mínimo, estipulando los aumentos en la renta sobre el término del acuerdo de alquiler. La renta base es la renta inicial, y dependiendo de las estipulaciones del alquiler puede cambiar sobre el término del mismo. En propiedades comerciales, la renta base es la cuota mínima cada mes, con pagos adicionales basados en, por ejemplo, un porcentaje de ventas. Una tienda al por menor puede tener un alquiler bajo de $500 por mes, con una cantidad adicional del alquiler de 2 por ciento de las ventas brutas.

Renta bruta Ingreso bruto potencial de una propiedad de renta, menos un permiso de vacante y de recaudación.

Renta de contrato También conocido como alquiler nominal. El contrato del alquiler es la cantidad de dólares de la obligación de alquiler especificada en el arriendo.

Renta de terreno El alquiler ganado por la tierra arrendada. También refiere a un arriendo a largo plazo durante el cual el alquiler se pague al propietario, para construir normalmente algo en esa tierra.

Renta económica Valor de alquiler en el mercado de una propiedad en un punto particular en el tiempo.

Renta neta Suma monetaria a la que se arriba luego de deducir los costos de un negocio o de una inversión pero antes de deducir los costos de depreciación.

Renta Neta Operativa (NOI) Figura previa al pago de las contribuciones de ingresos brutos, menos los gastos de explotación y la subvención para la vacante prevista.

Renta neta por inversión Ingreso o pérdida de una cartera o de un negocio menos todos los costos, incluyendo los honorarios de gestión de la cartera y de los activos, pero antes de que se consideren las ganancias y las pérdidas sobre las inversiones

Rentabilidad del dividendo Porcentaje del precio de las acciones de mercado que representa la tasa anual del dividendo.

Renuncia Cancelación de un arriendo por consentimiento mutuo del arrendador y el arrendatario; Renuncia voluntaria, abandono o rendición de un reclamo, derecho o privilegio.

Renuncia del embargo preventivo Renuncia de los derechos de embargo mecánico que a veces se requiere antes de que el contratista general pueda recibir el dinero bajo las provisiones del pago de un préstamo y de un contrato para la construcción.

Repactación Proceso de rediseño de présamos existentes, especialmente bajo amenaza de caer en mora o cesación de pagos. El término de un préstamo puede ser extendido o la tasa de interés ajustada para aliviar al prestatario de presión financiera.

Reparaciones Trabajos realizados para restaurar una propiedad a su anterior condición sin extender su vida útil. Una mejora no es una reparación. Una reparación es un gasto operacional, no un gasto de capital.

Reporte de crédito Registro que detalla la historia de crédito, empleo y residenciade un individuo usado para determinar su aptitud al crédito.

Representación La relación entre una parte y un agente donde el agente está autorizado a representar a la parte interesada en ciertas transacciones.

Representación de cierre Tipo de cierre en el cual un prestamista utiliza el título de la compañía como un agente para completar una operación de un crédito.

Representación expresa Relación de representación basada en un acuerdo formal entre las partes.

Representante personal Título dado a la persona designada en un testamento o nombrado por un tribunal testamentario para resolver los bienes inmuebles de una persona fallecida. Frecuentemente conocida como ejecutor o administrador.

Requerimiento judicial Acción legal donde una corte publica un escrito que prohíbe a una parte de cometer un acto u obliga a una parte a que realice un acción.

Requisitos mínimos de la propiedad Bajo los requisitos del préstamo FHA, una propiedad debe ser habitable, sólidamente construida y localizada convenientemente en cuanto a sitio y ubicación antes de que la agencia subscriba un préstamo de hipoteca residencial.

Rescate Derecho del dueño de una propiedad en cesación de pagos a recobrarla haciéndose solucionando la mora.

Rescate, derecho de Derecho del acreedor hipotecario de rescatar o recuperar el título de una propiedad en mora antes de que se realice la venta de la ejecución de la hipoteca. Se requiere del acreedor hipotecario que hacer pagos para que la hipoteca esté al día.

Reserva para reemplazo Ponto que se reserva por la posibilidad de un revés económico o para el reemplazo de bienes gastados.

Reservas Parte del pago mensual de la hipoteca que se reserva en una cuenta para pagar el seguro contra riesgos, impuestos sobre la propiedad y el seguro privado de la hipoteca.

Rescisión Práctica en que una parte cancela o termina un contrato, lo que tiene el efecto de hacer retornar a las partes a la posición original en la que estaban antes de ser hecho el contrato.

Residencia Lugar donde uno vive, particularmente la unidad de vivienda donde uno vive.

Residencia de una sola familia Estructura residencial diseñada para incluir una vivienda o para alojar a una familia; un hogar particular.

Residencia principal Lugar donde la persona reside la mayoría del tiempo.

Respondeat superior Doctrina que establece que un principal es responsable por los actos de un agente si esos actos fueros realizados dentro del ámbito de la autoridad del agente.

Responsabilidad conjunta Condición en la cual la responsabilidad descansa en dos o más personas para satisfacer los términos de un préstamo para la vivienda o de otra deuda financiera.

Responsabilidad múltiple y conjunta Frase que significa que cada uno de los dueños individuales es personalmente responsable por el total de los daños.

Responsabilidad retroactiva Responsabilidad que no está limitada al dueño actual, sino que incluye a gente que fue propietaria del sitio en el pasado.

Restauración Causar un cambio en la tierra desde inutilizable o no desarrollada a desarrollada; convirtiendo un recurso natural desaprovechado en un recurso productivo. Avenar un pantano sería considerado como restauración.

Restitución Evento que ocurre cuando una deuda hipotecaria es retirada - el prestamista transfiere la tenencia de vuelta al prestatario, libre de deuda.

Restricción Limitación colocada en el uso de una propiedad, contenida en una escritura o en otro instrumento escrito o en ordenanzas locales.

Restricción al comercio Contratos que estan diseñados para eliminar o reprimir la competencia, para crear un monopolio, controlar los precios o entorpecer la actividad de competencia en el negocio. La restricción al comercio es tipicamente ilegal si es probada.

Restricciones de edificación Provisiones y especificaciones en los códigos de edificación que afectan la colocación, tamaño y el aspecto de un edificio. Las restricciones de edificicación incluyen la altura permisible de una estructura y otras provisiones.

Resubdivisión Tomar una subdivisión existente y dividirla en lotes adicionales.

Resultado Cambios cuatrimestrales de fondos o valores contables que pueden ser explicados por ganancias de inversión, apreciaciones realizadas y sin realizar y el retorno total a los inversores antes y después de los aranceles por administración.

Resumen de fallo Documento usado para producir un embargo judicial

Resumen de título Un sumario de la historia de un título para una parcela particular de bienes raíces. Consiste en un resumen de la cesión original y posteriores transferencias y gravámenes que afectan a la propiedad, y una certificación del abstractor por lo fideligno y completo del sumario de la historia.

Retención Dinero que se retiene, designado para el pago de impuestos.

Retención ilegal Acción legal que provee un método para desahuciar a un arrendatario que está en incumplimiento de un acuerdo de arriendo; juicio sumario que pretende recuperar la posesión de una propiedad.

Retenciones Porción de un fondo para préstamos que no se disipa hasta que se cumple una condición adicional, por ejemplo la terminación de la construcción.

Retiro de aguas Retroceso gradual de aguas que deja tierra seca.

Retención Dinero ganado por un contratista pero que no le será pagado hasta que la construcción sea completada o hasta otra etapa previamente acordada.

Retorno de activo (ROA) Medición de la habilidad para producir ganancias netas eficientemente haciendo uso de los activos.

Retorno de capital (ROE) Medición del retorno de las inversiones en un negocio o propiedad.

Retorno de la inversión (ROI) Porcentaje de dinero que ha sido ganado como resultado de ciertas inversiones.

Retorno total Cantidad final de retorno del ingreso y apreciación por trimestre.

Retornos netos Retornos de inversión generados por la explotación de una propiedad sin el ajuste de honorarios del asesor o del gestor.

Retrocesión parcial Documento creado cuando una porción de una propiedad hipotecada es liberada de una hipoteca o una escritura de fideicomiso.

Reurbanización Renovación de las secciones deterioradas de una ciudad por medio de la demolición y nueva construcción o por una rehabilitación de gran extensión. Muchos proyectos de reurbanización son financiados o subvencionados por el gobierno.

Revelación de representación Un requisito en muchos estados es que los agentes que actúan para ambos compradores o vendedores deben revelar para quién están trabajando en la operación. Por ejemplo, un agente de bienes raíces trabajando para el vendedor debe estipular un acuerdo de revelación de representación notificando a los potenciales compradores que está trabajando de parte del vendedor y no del comprador.

Reversión Derecho de un arrendador de poseer la propiedad arrendada a la terminación de un alquiler.

Reversión al estado Reversión de la propiedad al estado o al condado, en la manera prevista por la ley del estado, en los casos donde el difunto fallece intestado sin herederos capaces de heredar, o cuando se abandona la propiedad.

Revocación Acto de retirar a una autoridad con poder. Retirar el poder de un abogado, por ejemplo, es considerado la revocación del poder de un abogado.

Rezonificación Acto de rezonificación de una extensión de tierra para un uso menos intensivo que el uso existente o permitido. Por ejemplo, la tierra dividida en zonas para propósitos industriales podría ser rezonificada para uso residencial.

Riesgo Cantidad que una persona o una compañía podría perder en una inversión.

Riesgo de título Impedimentos potenciales en la transferencia de un título de una parte a otra.

Riesgo globo Riesgo que un prestatario puede no ser capaz de presentar con los fondos para el pago globo al vencimiento.

Rivera Tierra baja cerca de un río, de un lago, o de una corriente que se inunda a menudo. También se refiere a la tierra en un valle.

Road show Tour de los ejecutivos de una compañía que está planeando convertirse en pública, durante la cual viajan por varias ciudades haciendo presentaciones a aseguradores y analistas acerca de la compañía y su oferta pública inicial.

Rodeado de tierra Lote que no tiene ningún acceso a un camino público o a una carretera excepto a través de un lote adyacente.

Rotación Tasa en la cual los arrendatarios, vendedores o empleados se van; frecuencia con la cual la propiedad en un área particular es comprada y vendida.

Rotación de cartera Cantidad de tiempo promedio desde el momento en que una inversion es hecha hasta que es repagada o vendida.

Rural Área fuera de las ciudades grandes o medianas y de sus poblaciones aledañas.

Ruta Camino que sirve para el tráfico continuo y que es la ruta primaria entre las comunidade.

Salida de efectivo Liquidar totalmente un activo. También se refiere a una refinanciación de hipoteca donde un prestatario toma efectivo del patrimonio neto de la propiedad. Por ejemplo, un prestatario que debe $100.000 sobre una propiedad valuada en $200.000 quien toma una nueva hipoteca de $150.000 ha tomado $50.000 efectivo de la propiedad.

Saldo Cantidad restante a ser pagada hacia una obligación. Por ejemplo, el dueño de una casa que ha pagado a cuenta $25,000 de una hipoteca de $100,000 tiene un saldo de capital de $75,000. El saldo también se refiere al principio de tasación que estipula que el mayor valor en una propiedad ocurrirá cuando el tipo y tamaño de las mejoras sean proporcionales uno al otro tanto como la tierra; pago del total de un préstamo; la cantidad suficiente para satisfacer una deuda pendiente.

Saldo de la base de capital La cantidad original del préstamo una vez que los ajustes para las financiaciones subsecuentes y los pagos principales se hayan hecho sin incluir el interés acumulado u otras deudas sin pagar.

Saldo del Capital El actual saldo total de una hipoteca no incluyendo los intereses.

Saldo original de capital Total debido sobre una hipoteca antes de que un prestatario haya hecho un pago.

Saldo pendiente Suma de un préstamo que resta ser pagada. Un saldo pendiente especifica un compromiso.

Saldo restante Cantidad de un prestamo hipotecario que no ha sido todavía pagada.

Saldo total de capital Suma de toda la deuda, incluyendo el monto del préstamo original ajustado para pagos subsecuentes y cualquier artículo impago que puede ser incluido en el saldo de capital por la nota de hipoteca o por la ley.

Salida Acceso desde la tierra a un camino público o a otros medios de salida.

Saneamiento Acción correctiva para limpiar un lugar contaminado ambientalmente.

Satisfacción Pago de una deuda o compromiso.

Satisfacción de la hipoteca Documento que reconoce el pago de una deuda de hipoteca.

Sección Parte de municipio bajo el sistema de revisión rectangular (del gobierno). Un municipio es dividido en 36 secciones, numerado de 1 a 36. Una sección es un cuadrado con lados de una milla y un área de una milla cuadrada o 640 acres.

Sección fraccionaria Parcela de tierra de menos de 160 acres, encontradoa generalmente en el borde de un relevamiento rectangular.

Securitización Acto de convertir un activo no líquido en una forma comerciable.

Segunda hipoteca Préstamo secundario obtenido sobre una parte de la propiedad; derecho de retención subordinado creado sobre un préstamo de hipoteca.

Segunda silenciosa Segunda hipoteca no registrada, típicamente mantenida en secreto de la primera hipoteca precedente.

Seguro contra incendios Forma de seguro de la propiedad que cubre las pérdidas debido al fuego; a menudo incluye una cobertura adicional contra el daño del humo o del agua debido al fuego.

Seguro contra pérdida de rentas Póliza que cubre la pérdida de rentas o del valor de renta debido a cualquier condición que lleve a las instalaciones arrendadas a estado inhabitable, de ese modo excusando al locatario de pagar la renta.

Seguro contra riesgos También conocido como seguro del hogar o seguro contra incendios. Una póliza que proporciona cobertura contra el daño de fuerzas tales como fuego y viento.

Seguro de arrendamiento comercial Seguro para cubrir el pago del alquiler en el caso que el arrendatario asegurado no pueda pagar. Algunos prestamistas comerciales requieren seguro del derecho de arrendamiento comercial en centros de compras.

Seguro de empleado clave Póliza de seguro de vida, pagada por la compañía, para cubrir el costo de reemplazo de una persona clave en la compañía. Una póliza de empleado clave puede ser una póliza de seguro de vida, una póliza de invalidez o ambas.

Seguro de errores y omisiones Tipo de póliza que asegura contra los errores de un constructor o de un arquitecto.

Seguro de interrupción de negocio Seguro que cubre los daños financieros que ocurren como resultado de reparaciones necesarias a un edificio debido al fuego o a otro peligro asegurado. Muchas tiendas al por menor tienen seguro de interrupción de negocio, al igual que los grandes complejos de apartamentos.

Seguro de inundación Póliza que se requiere en zonas señaladas de inundación para proteger contra las pérdidas debidas al daño de la inundación.

Seguro de hipoteca de FHA Tipo de seguro que requiere un honorario a ser pagado en el cierre para asegurar el préstamo con la Administración Federal de la Vivienda (FHA).

Seguro de hipoteca privado (PMI) Seguro provisto por un carrier privado que protege a un prestamista contra la posible pérdida en el evento de una ejecución hipotecaria o falta de pago típicamente requerida cuando el monto del préstamo supera el 80% del valor de la propiedad.

Seguro de los propietarios Póliza que incluye la cobertura para todos los daños que puedan afectar el valor de una casa según lo definido en los términos de la póliza de seguro.

Seguro de responsabilidad civil Tipo de póliza que protege a dueños contra negligencia, daños corporales o demandas por daños materiales.

Seguro de terremoto Tipo de póliza de seguro que proporciona cobertura contra daños de terremoto a un hogar.

Seguro de título Póliza que asegura al propietario o acreedor contra la pérdida por razones de defectos en el título de una parcela de bienes inmuebles, fuera de gravámenes, defectos y asuntos expresamente excluídos por la póliza.

S

Seguro de título provisional Promesa escrita de la compañía de seguros de títulos para asegurar el título a la propiedad, basada en las condiciones y exclusiones mostradas en la carpeta.

Seguro de vida de crédito Tipo de seguro que paga el saldo de una hipoteca cuando un prestatario muere.

Seguro de vida e invalidez hipotecario Tipo de cláusula de seguro de vida que los prestatarios compran a menudo para cubrir la deuda que se deja cuando el prestatario muere o queda demasiado incapacitado como para efectuar los pagos de la hipoteca.

Seguro hipotecario (MI) Póliza requerida en algunos préstamos por los prestamistas, que cubre a éstos contra ciertas pérdidas que se sufran como resultado de la falta de pago en un préstamo residencial.

Sellado y entregado Frase que indica que un cedente ha recibido una compensación adecuada basada en su entrega voluntaria.

Sello fiscal Sello fijado a la escritura y a otros documentos para indicar el pago del impuesto estatal a la transferencia.

Sendero Camino estrecho sin bordillos o aceras.

Sentencia Decisión formal de una corte sobre los derechos y las demandas respectivas de las partes para una acción o juicio. Después de que una sentencia haya sido ingresada y registrada con el magistrado del condado, se convierte, usualmente, en un embargo preventivo general sobre la propiedad del demandado.

Sentencia de deficiencia Sentencia personal impuesta contra el prestatario cuando la venta judicial no produce suficientes fondos para pagar la deuda de la hipoteca por completo.

Seña Dinero depositado por un comprador bajo los términos de un contrato, que será perdido si el comprador no paga, pero restado del precio de compra si la venta se cierra.

Seña para un alquiler Pago realizado para asegurar el interés sobre un alquiler. El arrendatario en efecto está comprando la "llave" (de ahí que su origen en inglés sea 'key money') de la propiedad.

Señalización Signos por lo general en documentos legalizados se refiere a si se permiten símbolos y las restricciones que pueden haber en el lugar en cuanto al número, tamaño y el tipo de signo permitido.

Separación Cambio de un artículo de un bien inmueble a bien mueble separándolo de la tierra; por ejemplo, cortar un árbol.

Servicio anual de la deuda Pagos anuales requeridos de capital e interés por un crédito. Si un crédito exige pagos de capital de $300 y pagos de intereses de $50 por mes, entonces el servicio anual de la deuda es de $4,200 ($350 veces 12).

Servicio de deuda Cantidad de dinero que es necesario para cumplir con todos los pagos del interés y capital en un préstamo durante un período específico.

Servicio de la deuda Proceso de recaudación de pagos de una hipoteca de prestatarios tanto como de responsabilidades relacionadas.

Servicio de Listado Múltiple (MLS) Organización de comercialización integrada por corredores miembros que acuerdan compartir sus acuerdos listados el uno con el otro con la esperanza de procurar compradores listos, dispuestos y capaces para sus propiedades más rápidamente de lo que podrían hacerlo por sí mismos. La mayoría de los servicios de listado múltiple aceptan el derecho exclusivo de venta o listados de la agencia-exclusivos de sus corredores miembros.

Servidumbre Carga o acusación sobre un estado.

Servidumbre Derecho dado a una parte que no es la propietaria para utilizar cierta parte de la propiedad para propósitos específicos, tales como líneas de servicio de energía o líneas de cable.

Servidumbre accesoria Una servidumbre que es anexada a la propiedad de una parcela y permite al dueño el uso de la propiedad del vecino.

Servidumbre de línea de visión Derecho que restringe el uso de la tierra dentro del área de la servidumbre en cualquier dirección que restrinja la visión.

Servidumbre de utilidad Empleo de la propiedad de otro con el objetivo de conectar líneas eléctricas, de agua, de gas o de alcantarilla.

Servidumbre escénica Gravamen sobre un título para conservarlo en un estado natural o sin explotar.

Servidumbre forzosa Servidumbre creada por el gobierno o la agencia de estatal que ha ejercido su derecho bajo dominio eminente.

Servidumbre necesaria Servidumbre establecida por ley como necesaria para el completo disfrute de una parcela de propiedades inmobiliarias; por ejemplo, un derecho de ingreso y de salida sobre la tierra de un cedente.

Servidumbre negativa Servidumbre que evita que el terrateniente cometa un acto que de otra manera sería permitido. Una servidumbre de vista tendría el efecto negativo de restringir a un terrateniente de construir un edificio que podría bloquear la vista en cuestión, haciéndola una servidumbre negativa.

Servidumbre personal Servidumbre que no se crea para el beneficio de ninguna tierra poseída por el dueño de la misma pero que lo ata personalmente al dueño de la servidumbre. Por ejemplo, un derecho concedido por Joan Smith a John Baker para utilizar una porción de su propiedad por el resto de su vida sería una servidumbre personal.

Servidumbre por prescripción Servidumbre adquirida por el uso continuo, abierto, y hostil de la propiedad para el período del tiempo prescripto por la ley del estado.

Servidumbre recíproca Servidumbres y restricciones al uso de tierra para el beneficio de todos los propietarios en una subdivisión o en un desarrollo; servidumbres que se aplican a todos los involucrados.

Servidumbre solar Servidumbre que protege el acceso de un propietario a la luz y a los rayos del sol. La servidumbre crea un derecho a la luz sobre la propiedad del dueño, un derecho que no es garantizado de otra manera.

Severidad de la pérdida Porcentaje del capital perdido cuando se ejecuta un préstamo.

Simulación Declaración falsa, ya sea intencional o no intencional.

Sin gravámenes Término que se refiere a la propiedad libre de embargos u otros gravámenes.

Sin recurso Palabras usadas al endosar una nota o pagaré para significar que el portador no debe recurrir al deudor en caso de no pago. El acreedor sólo tiene que recurrir a la propiedad.

Sindicato Combinación de gente o firmas formada para llevar a cabo una operación de negocios de interés mutuo reuniendo recursos. En un sindicato de inversión inmobiliaria las partes poseen y/o fomentan la propiedad, con el beneficio principal generalmente proveniente de la venta de la propiedad.

Síndico Parte independiente a quien la corte asigna a recibir, preservar y administrar propiedades involucradas en un litigio pendiente de resolución ante la corte.

Síndrome de edificio enfermo Frase utilizada para describir inconvenientes en la calidad del aire de interior en problemas comerciales e industriales que conducen a dolores de cabeza, náuseas e irritaciones de piel y ojos.

Sistema de lote y manzana (de plano registrado) Método para describir la propiedad inmobiliaria que identifica una parcela de la tierra por referencia a los números de lote y manzana dentro de una subdivisión, según lo especificado en un plano de subdivisión registrado.

Sistema alodial Sistema legal que otorga total posesión de los derechos de la propiedad a los individuos. El sistema de derechos de propiedad en los Estados Unidos está basado en el sistema alodial.

Sistema de Crédito Agrícola Agencia federal del Ministerio de Agricultura que ofrece programas para ayudar a las familias a comprar o a operar granjas familiares.

Sistema feudal Sistema de la propiedad asociado generalmente a Inglaterra pre-colonial, en la cual el rey u otro soberano es la fuente de todos los derechos. El derecho de poseer propiedad inmueble fue concedida por el soberano a un individuo sólo como propiedad vitalicia. Luego de la muerte del individuo, el título pasaba nuevamente al soberano, no a los herederos del difunto.

Sistema Torrens Método para dar testimonio de un título registrándolo con la autoridad pública apropiada, generalmente llamada registrador, nombrado por su fundador, Sir Robert Torrens.

Situación familiar Definida por la Ley de Equidad de la Vivienda; característica determinada por el hogar de una persona donde uno o más individuos menores de 18 años de edad viven con un padre o un guarda legal. Prohíbe negar los derechos a la gente de menos de 18 quienes viven con un padre o un guarda.

Situs Atributos económicos de una ubicación, incluyendo la relación entre la propiedad y las propiedades circundantes. Situs es el aspecto de ubicación que contribuye al valor en el mercado de una propiedad.

Sobre mejora Uso de tierra considerado demasiado intensivo para la misma. La construcción de una casa de 1,000,000 de dólares en una vecindad con casas de 200,000 dólares sería considerado una sobre mejora.

Sobre o antes Frase en contratos que se refiere al tiempo en el cual un cierto acto debe tomar lugar.

Sobreasignación Práctica en la cual los suscriptores o aseguradores ofrecen y venden un número más alto de acciones que lo que ellos han planeado comprar del emisor.

Sobrecomisión Honorarios pagados a alguien más alto en la organización o encima de una cierta cantidad.

Sociedad controlante Compañía que posee o controla a otra compañía o compañías.

Sociedad de ahorro y préstamo (S y L) Institución depositaria que se especializa en originar, revisar y retener préstamos de hipoteca, principalmente sobre propiedades residenciales.

Sociedad de Realtors© de la Industria y de oficina (SIOR) Organización cuyos miembros se enfocan en la venta de depósitos, fábricas y otras propiedades industriales. Los miembros llevan la designación de SIOR.

Sociedad de Tasadores Inmobiliarios (SREA) Organización internacional de tasadores inmobiliarios profesionales.

Sociedad en comandita o parcialmente limitada Tipo de sociedad en el cual algunos socios manejan el negocio y son personalmente responsables de las deudas de la sociedad, pero algunos socios contribuyen al capital y comparten beneficios sin la responsabilidad de la gerencia.

Sociedad general Organización con socios generales solamente. Cada socio es responsable más allá de la cantidad invertida y puede incluir la sociedad entera entrando en un contrato.

Sociedad UPREIT Una estructura de organización en la cual el activo de un REIT es poseído por un holding por motivos fiscales.

Socio general Miembro en una sociedad que posee la autoridad para incluir la sociedad y las acciones en sus beneficios y pérdidas.

Socio silencioso Socio inactivo en un negocio; socio que tiene una participación en la inversión, pero no ofrece ningún asesoramiento, consejo o entrada.

Solicitud Forma que un prestatario debe completer para solicitar un servicio como sería un préstamo hipotecario, o para rentar una propiedad; a menudo incluyen información personal como ingresos, ahorros, activos, deudas y referencias.

Solicitud de préstamo Documento que presenta los ingresos de un prestatario, la deuda y otras obligaciones para determinar su capacidad de pago, así como cierta información básica sobre la propiedad en cuestión.

Solicitud de propuestas (RFP) Solicitud formal que invita a administradores de inversión a enviar información acerca de estratátegias de inversión, desempeño de inversiones, oportunidades actuales de inversión, comisiones por administración de inversiones y otras relaciones de fondos de pensión usadas por su firma.

Soporte subyacente Soporte que la superficie de la tierra recibe de sus estratos subyacentes.

Sotavento En o hacia el lado protegido del viento; contrario del barlovento (contra el viento).

Sub acuerdo de venta Acuerdo de venta entre el comprador original de un acuerdo de venta y un nuevo comprador. El acuerdo no crea ninguna relación contractual entre el nuevo comprador (el sub comprador) y el dueño de la propiedad (el vendedor original).

Sub agencia Relación bajo la cual un agente de ventas intenta vender una propiedad que está listada con otro agente.

Subagente Persona que es empleada por una persona ya que actúa como un agente. Típicamente una referencia a un vendedor autorizado por un agente inmobiliario que es empleado según los términos de un acuerdo de listado (acuerdo de venta).

Subalquilar Arrendamiento de una locación por un

arrendatario a una tercera parte por el término restante del arrendamiento. También conocido como subarriendo.

Subarrendatario Persona o negocio que tiene los derechos de empleo y ocupación bajo un contrato de arriendo con el arrendatario original, que todavía conserva la responsabilidad primaria de las obligaciones del arriendo.

Subarriendo Arriendo de un arrendatario a otro arrendatario. El nuevo arrendatario se convierte un subarrendatario.

Subastador Persona que conduce un remate; usualmente requiere licencia, especialmente en remates de bienes raíces.

Subordinación Acto de compartir el riesgo de la pérdida de crédito variando tasas entre dos o más clases de valores; descenso a una posición menor, por lo general con respecto a un derecho o valor.

Subsidios hipotecarios Financiamiento en el cual un constructor residencial permite que el comprador de un nuevo hogar ocupe el mismo por un período de tiempo sin efectuar los pagos de cuotas mensuales. El dinero ahorrado va dirigido a los pagos adelantados y obras mientras que una reserva para ayudar a efectuar las cuotas mensuales una vez que el financiamiento está en su lugar.

Subcontratista Contratista que ha sido contratado por el contratista general, a menudo que se especializa en una cierta tarea requerida para el proyecto de construcción.

Subdivisión Extensión de tierra dividida por el propietario, conocido como el subdivisor, en bloques, construyendo lotes y calles según plano registrada de subdivisión, el cual debe cumplir con las ordenanzas y regulaciones; tipo más común de urbanización creada dividiendo una extensión más grande de tierra en lotes individuales para la venta o arriendo.

Subdivisor Persona que compra la tierra sin explotar, la divide en partes más pequeñas, lotes utilizables y vende las partes a usuarios potenciales.

Subrogación Sustitución de un acreedor por otro, con la persona substituida sucediendo los derechos legales y las reclamaciones del demandante original. La subrogación es usada por aseguradores de título para adquirir los derechos de la parte damnificada de demandar para recuperar cualquier reclamo que ellos hayan pagado.

Subsidio Transferencia de riqueza previsto para promover un comportamiento específico considerado beneficioso para el bienestar social. El gobierno puede proporcionar un subsidio de alquiler, por ejemplo, para permitir que personas de bajos ingresos consigan una vivienda decente.

Sucursal Un lugar secundario aparte de la oficina principal desde la cual se dirige el negocio de las propiedades inmobiliarias. Una sucursal debe ser manjeada generalmente por un corredor de propiedades inmobiliarias licenciado que trabaja a nombre del corredor principal.

Sujeto a Adquisición de una propiedad con una hipoteca existente, pero no convertirse personalmente responsable por la deuda.

Sujeto a cláusula Contingencias o condiciones especiales para comprar y vender. Deben estar satisfechas para que el contrato pueda convertirse en vinculante.

Sujeto a hipoteca Situación donde un comprador toma el título de un bien inmueble hipotecado, pero no es personalmente responsable del pago del monto de la deuda. El comprador

S

debe hacer pagos para mantener la propiedad; si el o ella faltan al pago, sólo la participación en el capital en la propiedad es perdida.

Sumario de desalojo Proceso usado por un propietario para recuperar la posesión de la locación arrendada si el arrendatario ha incumplido el arriendo o permanece después del término del mismo.

Superficie Total La superficie cubierta total de un edificio, medida tomada generalmente desde las paredes exteriores.

Superfondo Nombre comúnmente usado para la Ley Comprensiva de Respuesta, Compensación y Responsabilidad Ambiental que requiere que los propietarios anteriores limpien la basura en un sitio particular. La existencia a la lista de Superfondo impone la estricta responsabilidad a las partes implicadas.

Supervivencia Derecho de un copropietario o copropietarios para mantener los derechos de propiedad después de la muerte de otro copropietario.

Suscribir Colocar una firma al final de un documento.

Suscripción Acuerdo para comprar una nueva publicación de valores.

Suscriptor Empresa, por lo general una firma bancaria de inversión, que está implicada en la garantía de que una emisión entera de acciones o bonos será comprada.

Suspensión Período de inactividad impuesto.

Sustitución Principio de tasación que establece que el valor máximo de una propiedad tiende a ser fijado por el costo de compra de una propiedad substituta igualmente deseable y valuable, asumiendo que ningún retraso costoso ocurrirá haciéndo la substitución.

Sustitución de aval Provisión en una hipoteca para permitir al prestatario obtener una liberación del aval original sustituyéndolo con otra forma de aval satisfactorio para el prestamista.

Tabla de saldo del préstamo Tabla que muestra el saldo restante a ser pagado en un préstamo amortizado. A veces llamado tabla de saldo restante.

Tablas de amortización Tablas matemáticas que son usadas para calcular cuál será el pago mensual del prestatario. Un calendario de amortización muestra el pago, los intereses y el desgloce de capital, y el saldo impago del préstamo para cada período de la duración del mismo.

Tablas de Inwood Conjunto de tablas usadas por los tasadores para computar el valor actual de una renta anual por un número de años a varias tasas de interés.

Tablas de profundidad Porcentajes aplicados que indican el valor relativo de segmentos de una propiedad en la variación de distancias desde o hasta un camino. Se asume que la propiedad más cercana al camino tiene el valor más alto y mientras más lejos esté del camino el valor es menor.

Tanque de almacenaje subterráneo Tanque a nivel subterráneo que almacena líquidos, incluyendo combustibles, productos industriales o basura.

Tanque de almacenaje subterráneo con fuga (LUST) Tanque

de almacenamiento subterráneo que no es hermético y permite que los líquidos pasen al suelo circundante.

Tarifa de correo El honorario que se cobra al cierre por la entrega de documentos entre todas las partes en una transacción de propiedades inmobiliarias.

Tarifa de inspección Honorario que un inspector licenciado de la propiedad carga por determinar la condición física actual de la propiedad.

Tarifa Plana Cantidad de dinero que un asesor o un encargado recibe por manejar una lista de activos de propiedades inmobiliarias.

Tarifas de impacto Costo cargado por la ciudad a empresarios privados de la construcción como condición para conceder el permiso para un proyecto específico. El propósito de la tarifa es pagar el costo de la extensión de servicios públicos, como líneas de agua o de alcantarilla, para la urbanización.

Tarifas prepagadas Pagos que un prestatario debe hacer por adelantado en referencia a ciertos items recurrentes como lo son los intereses, impuestos a la propiedad, seguro contra riesgo, y, si es aplicable, por el Seguro Hipotecario Privado.

Tarjeta de Licencia de Bolsillo Expedida por la Agencia de Licencias del estado, identifica a su portador como licenciado y debe ser llevada en todo momento.

Tasa combinada Tipo de interés aplicado a un préstamo refinanciado que tiene un índice mas alto que el del préstamo anterior pero más bajo que la tasa actual ofrecida a los nuevos préstamos. Las tasas combinadas son ofrecidas generalmente por los prestamistas como incentivos a los prestatarios para refinanciar sus préstamos existentes de bajo interés en vez de ofrecer al comprador de asumir la deuda. Por ejemplo, si las tasas actuales son del 10 por ciento, y un comprador puede asumir un préstamo en 7 por ciento, el prestamista puede ofrecer 8 por ciento de financiamiento para tentar al comprador de tomar el nuevo financiamiento en vez de asumir la hipoteca.

Tasa corta Tasa periódica más alta cargada por un plazo más corto que por el que fue contraído al principio; tasa aumentada cargada por una compañía de seguros sobre la cancelación temprana de una póliza.

Tasa de absorción La velocidad y cantidad de tiempo en el que un espacio rentable, en pie cuadrado, es ocupado, o un estimado de la tasa en la que los hogares para la venta serán comprados. Por ejemplo, si un área geográfica particular tiene 2,000 hogares para la venta y 200 son compradas cada mes, el área tiene una tasa de absorción del 10 por ciento (2,000 dividido por 200).

Tasas de alquiler de promedio ponderado Proporción media de tasas de alquiler desiguales a través de dos o más edificios en un mercado.

Tasa de capitalización Porcentaje de retorno determinado por la renta neta de una propiedad y de su valor subyacente. Una propiedad valorada en $100.000 con una renta de funcionamiento neto de $10.000 tiene una tasa de capitalización de 10 por ciento.

Tasa de capitalización de reversión Tasa de capitalización que es usada para producir valor de reversión .

Tasa de crecimiento del alquiler Tendencia proyectada sobre los precios de alquiler de mercado sobre un período particular de análisis.

Tasa de descuento acumulada Porcentaje del valor actual de un alquiler base con todas las concesiones del arrendamiento del propietario consideradas.

Tasa de hipoteca Tasa de interés que se define en un documento de hipoteca.

Tasa de interés Porcentaje que se carga a un préstamo.

Tasa de interés efectiva Tasa verdadera de retorno considerando todos los costos relevantes del financiamiento.

Tasa de interés inicial Tasa de interés original en un ARM que está a veces sujeta a una variedad de ajustes a través de la hipoteca.

Tasa de interes inicial máxima Límite especificado por algunos ARMs como la cantidad máxima que la tasa de interés puede aumentar cuando la tasa de interés expira.

Tasa de interés legal Tasa de interés prescripta por la ley del estado que prevalece en ausencia de un acuerdo indicando la tasa de interés.

Tasa de interés máxima Máxima tasa de interés que un prestamista puede cargar sobre un ARM.

Tasa de interés mínima Mínimo de tasa de interés posible que un prestamista puede cargar sobre un ARM.

Tasa de interés nominal Tasa de interés indicado en una nota o un contrato, que puede diferenciarse de la tasa de interés efectiva o verdadera, especialmente si el prestamista descuenta el préstamo.

Tasa de interés vigente Término para describir la tasa de interés promedio que actualmente se es cobrada por las instituciones de préstamo en préstamos hipotecarios.

Tasa de ocupación Proporción de espacio alquilado en relación con la cantidad de espacio disponible para alquiler. Un edificio de apartamentos con 8 de 10 apartamentos alquilados tiene una tasa de ocupación del 80 por ciento.

Tasa de Porcentaje anual (APR): Tasa efectiva de interés anual para un crédito; esta revelación es requerida por la Ley de Verdad en el Préstamo. La tasa de porcentaje anual es generalmente más alta que la tasa de interés anunciada.

Tasa de Porcentaje Anual Modificada (APR) Índice del coste de un préstamo basado en el estándar APR pero ajustado según la cantidad de tiempo en que el prestatario espera mantener el préstamo.

Tasa de redescuento La tasa de interés que se le cobra a los bancos cuando ellos le piden prestado al Sistema Federal de Reserva.

Tasa de reedición Cobro rebajado de una compañía de seguros por una nueva póliza si una póliza previa por la misma propiedad fue emitida recientemente.

Tasa de retención Porcentaje de ganancias acumuladas durante el año que han sido dispersadas en la campañía nuevamente, es calculada como 100 menos el porcentaje de divindendos de los 12 meses.

Tasa de retorno Relación entre el ingreso neto anual de un negocio y el capital invertido de un negocio. Cuanto más alta es la tasa de retorno, es mejor el ingreso que el negocio o propiedad produce en relación a la inversión realizada.

Tasa de retorno ajustada al riesgo Porcentaje usado para identificar opciones de inversión de las que se espera que arrojen un saldo positivo a pesar de su volatibilidad.

Tasa de retorno real El rendimiento dado a los inversores menos el factor inflacionario.

Tasa fija Tipo de interés que no cambia a lo largo de la vida del préstamo; compromiso de un prestamista en el que le garantiza al prestatario una cierta tasa de interés por una cantidad de tiempo específica.

Tasa fiscal Proporción de un gravamen fiscal a la cantidad que está siendo gravada. La tasa fiscal es establecida según valuaciones oficiales.

Tasa indexada Suma del índice publicado con un margen agregado.

Tasa Interna de Retorno (IRR) Cálculo de un análisis descontado de movimientos de efectivos que se utiliza para determinar el retorno total potencial de un activo de propiedades inmobiliarias durante un período particular.

Tasa máxima de interés Límite de la cantidad en que una tasa de interés puede aumentar en cada período de ajuste, en un préstamo de tasa adjustable. El tope puede establecer también el interés máximo que puede ser modificado en el transcurso de un préstamo.

Tasa máxima durante la vigencia Tasa de interés más alta posible que puede ser cargada, bajo cualquier circunstancia, a lo largo de la vida de un ARM.

Tasa primaria La tasa de interés más baja reservada para los clientes preferidos de un banco para préstamos de corto plazo.

Tasa Total (OAR) Relación directa del porcentaje entre el ingreso neto anual de operaciones y el precio de las ventas. La tasa total se calcula dividiendo la ganancia neta por el precio.

Tasación Valor estimado de una propiedad en una fecha particular dado por un tasador profesional, usualmente presentado en un documento escrito.

Tasación de la adquisición Tasación para determinar el valor de mercado para una propiedad adquirida para uso público por una agencia de gobierno, usualmente a través de expropiación o negociación. El propósito de una tasación de adquisición es determinar el monto por el cual el propietario será compensado.

Tasación especial Impuesto o gravamen habitualmente impuesto contra sólo aquellas parcelas específicas de bienes inmuebles que se beneficiarán por una propuesta de mejora pública como una calle o una alcantarilla.

Tasación por acercamiento al costo El proceso de estimar el valor de una propiedad agregando al valor estimado de la tierra la estimación del tasador del costo de reproducción o de reemplazo del edificio, menos la depreciación. El acercamiento al costo basa el valor de una propiedad en el costo de sustituirlo, no en el valor de otras propiedades en el área o en su capacidad de generar renta.

Tasador Individuo certificado que es calificado por su educación, entrenamiento y experiencia para estimar el valor real y personal de una propiedad.

Tasador certificado por el estado Tasador certificado por un estado para llevar a cabo tasaciones residenciales o generales.

Tasador de impuestos Oficial público quien estima el valor de una propiedad con el proposito de calcular impuestos.

Tasador general certificado Persona cualificada para tasar cualquier propiedad. Requiere por lo menos 3.000 horas de experiencia de tasación general, más un grado de cuatro años de universidad o 30 horas de semestre de trabajo especificado en la universidad, 300 horas de educación, y aprobar una examinación del estado.

Tasador Maestro Senior (MSA) Designación senior concedida por la Asociación Nacional de Tasadores Maestros.

Tasador por honorario Profesional que suministra servicios de tasación por un honorario, generalmente a los inversionistas que están considerando comprar una propiedad. También llamado tasador independiente.

Tasas de alquiler de mercado Ingreso de renta que un propietario podría pedir muy probablemente por una propiedad en el mercado abierto, indicada por los alquileres actuales por espacios semejantes.

Tasas iniciales reducidas Tasa de interés pequeña, a corto plazo ofrecida sobre una hipoteca para convencer al potencial prestatario para que aplique.

Técnica Ellwood Tasación de la propiedad de renta diseñada para estimar el valor actual de la propiedad. Evalúa flujo de liquidez, las ganancias de reventa, y la tasa de capitalización para determinar el valor.

Techo luminoso Techo que emite luz desde toda su superficie con el uso de luz fluorescente sobre cristal o plástico translúcido.

Técnica de Propiedad residual Método de tasación para estimar el valor de una propiedad basado en el ingreso futuro estimado y el valor del terreno y del edificio.

Tenencia Naturaleza de los derechos de propiedad de un inquilino. Define si una persona es dueño o arrendatario.

Tenencia conjunta Forma de propiedad en la cual dos o más personas tienen partes iguales en una propiedad y los derechos pasan al/los dueño/s sobreviviente/s en el caso de muerte.

Tenencia en común Forma de co-propiedad por la cual cada dueño tiene un interés no dividido en una propiedad inmueble como si él o ella fuera el dueño exclusivo. Cada dueño individual tiene el derecho de partición. A diferencia de la tenencia conjunta, la tenencia en común tiene derecho a herencia.

Tenencia por tolerancia Arrendamiento establecido cuando una persona que había sido un arrendatario legal injustamente permanece en posesión de la propiedad después de la expiración de un arriendo.

Teoría del embargo preventivo Algunos estados interpretan una hipoteca como si fuera puramente un embargo preventivo sobre la propiedad inmueble. El acreedor no tiene así ningún derecho de posesión pero sino debe excluir el embargo preventivo y vender la propiedadsi el mortgagor omite.

Teoría de título Algunos estados interpretan que una hipoteca significa que el prestamista es el dueño de tierra hipotecada. Sobre el pago total de la deuda de hipoteca, el prestatario se convierte en el propietario de la tierra.

Teoría intermedia Concepto en el que una hipoteca es un embargo preventivo sobre la propiedad hasta la cesación de pago, en cuyo caso el título pasa al prestamista.

Teoría Moderna de Portfólios (MPT) Acercamiento a la cuantificación de riesgo y retorno en una cartera de activos que destaca la cartera más que los activos individuales y cómo los activos actúan en relación unos con otros.

Tercería excluyente de dominio Un procedimiento iniciado por terceros neutrales para determinar los derechos de demandantes rivales a una propiedad en una transacción.

Tercero Persona que no está implicada directamente en una transacción o contrato, pero puede estar implicada o afectada por éste.

Terminación Mejoras a una propiedad que se han llevado a cabo según las especificaciones de un arrendatario.

Terminación del listado Cancelación de un contrato de empleo de un agente inmobiliario.

Término Tiempo que dura un préstamo o se espera que dure antes de que sea devuelto.

Términos de gatillo Términos de crédito específicos, como pago al contado, cantidad de cargo por financiamiento o el término de préstamo.

Terreno aluvial Nivel de tierra sujeto a inundaciones periódicas de una superficie de agua contigua.

Terreno baldío Propiedad que no ha sido desarrollada y que permanence en su estado natural.

Terreno intermareal Tierra que está sobre nivel del mar sólo en períodos de marea baja. Debido a la acción de la marea, la tierra alterna entre estar mojada y seca.

Terreno marginal Tierra que es apenas provechosa para utilizar.

Terreno mejorado Tierra que tiene algunas mejoras o tierra que ha sido parcial o completamente urbanizada para su uso. Un lote con un pozo instalado se considera un terreno mejorado, aunque todavía no sea apropiado para habitar.

Terreno nivelado Área donde el grado (nivel) ha sido levantado depositando suciedad, grava o roca. El vendedor en la mayoría de los casos tiene la responsabilidad de revelar a los potenciales compradores, que el terreno ha sido nivelado.

Terrenos públicos Tierra que es poseída por el gobierno federal, disponible para la venta a un ciudadano privado si la tierra no es necesitada para propósitos gubernamentales.

Terreno registrado Rerreno que esta registrado en el Sistema Torrens.

Testado Haber hecho y dejado un testamento válido.

Testador Persona que ha hecho un testamento válido. Una mujer a menudo se menciona como testadora, aunque testador puede ser usado para uno u otro género.

Testamento Documento escrito, adecuadamente atestiguado, estipulando la transferencia del título a la propiedad poseída por el difunto, llamado el testador.

Testamento nuncupativo Testamento oral declarado por el testator en su enfermedad final, hecho ante testigos y transcripto luego a un escrito.

Testamento ológrafo Testamento que es escrito, fechado y firmado a mano por el testador.

Testimonio Cláusula que cita el acto y fecha en una escritura u otro transferencia. En un testimonio se podría leer: " En fe de lo cual, las partes a en testimonio de lo cual estampan su firma manos y sellos este día y el año."

Tiempo compartido Forma de posesión de una propiedad que implica la compra de un período específico de tiempo o porcentaje de interés a una propiedad de vacaciones.

Tiempo fijo Semanas particulares de un año en las que el dueño de un plan de tiempo compartido puede tener acceso a su alojamiento.

Tiempo razonable Cantidad de tiempo que será permitida o requerida por una acción para ser completada considerando la naturaleza de esa acción y las circunstancias que la rodean. Los contratos que no incluyan un plazo razonable para la finalización de acciones son frecuentemente cuestionados en la corte.

Tierra Superficie de la tierra, extendiéndose hacia abajo al centro de la tierra y hacia arriba infinitamente en el espacio incluyendo las cosas unidas permanentemente por la naturaleza, tal como los árboles y el agua.

Tierra baldía Tierra que no es apta para la cultivar o es improductiva, inmejorada o estéril.

Tierra de aguas de marea Tierra bajo el océano desde la marca de marea baja hasta los límites territoriales externos de un estado.

Tierra no mejorada Tierra que no ha recibido ninguna urbanización, construcción o preparación del sitio.

Tierras de labranza Tierra usada específicamente para propósitos agrícolas, para la cosecha de cultivos o para ganado. Tierra señalada en las leyes de zonificación para propósitos agrícolas.

Tirantes X abrazaderas en forma de X en una partición.

Título Derecho a o propiedad de una tierra; prueba del dominio de una tierra.

Título claro Título de una propiedad que está libre de embargos preventivos, de defectos, o de otros embarazos legales.

Título comercial Título bueno o libre, razonablemente libre del riesgo de litigio sobre posibles defectos.

Título de Registro Título que aparece en un examen de los registros públicos; el título registrado.

Título desnudo Título de una propiedad que carece de los derechos y privilegios usuales de propiedad.

Título equitativo Interés sostenido por un comprador bajo un contrato para una escritura o un contrato de plazos; el derecho equitativo de obtener posesión absoluta sobre la propiedad cuando el título jurídico se lleva a cabo en nombre de otra persona.

Título libre y limpio Título a una propiedad libre de gravámenes. Generalmente utilizado para referirse a un título libre de deuda de hipoteca. También conocido como un título claro o título comercial.

Título Máximo Título superior.

Título no comercializable Título que contiene defectos sustanciales; puede requerir una demanda de título discreta para enmendarlo.

Títulos respaldados por hipotecas (CMBS) Tipo de valores que son respaldados por préstamos sobre propiedades inmobiliarias comerciales.

Toma Similar a la condenación de declarar no habitable o a cualquier otra interferencia con los derechos a la propiedad privada, excepto que una confiscación o la apropiación no se requieren.

Toma parcial Apropiación de una porción de una propiedad bajo las leyes de dominio eminente; la adquisición de solo una parte de la propiedad o de los derechos de propiedad.

Tope Límite sobre cuánto la cuota o tasa de interés se permite que aumente en una hipoteca de tarifa ajustable. Diseñado para proteger al prestatario contra grandes aumentos en la tasa de interés que podría resultar naturalmente en grandes aumentos sobre la cantidad de la cuota.

Tope de tasa de interés Tasa de interés más alta permitida sobre la cuota mensual de un ARM durante un período de ajuste.

Tope de pago periódico Máxima cantidad en que los pagos pueden aumentar o bajar durante un período de ajuste de una ARM.

Tope de tasa periódica Máxima cantidad en que una tasa de interés puede aumentar o bajar durante un período de ajuste de una ARM.

Tope de tasa subsiguiente Cantidad máxima a la que la tasa de interés puede aumentar en cada fecha de ajuste previsto con regularidad de la tasa de interés sobre una ARM.

Tope de vida Límite en la cantidad de tasa de interés que un ARM puede aumentar durante el término de la hipoteca.

Topografía Naturaleza de la superficie de la tierra; contorno de la tierra.

Torre En un districto suburbano, cualquier edificio más alto de seis pisos. En un districto de negocios, cualquier edificio más alto de 25 pisos.

Total de gastos mensuales de la vivienda Cantidad que debe ser pagada cada mes para cubrir el capital, el interés, impuestos a la propiedad, PMI y/o cualquiera de las deudas de seguro contra riesgos o de la asociación de propietarios.

Total de todos los pagos Costo total del préstamo después calcular la suma de todos los pagos mensuales de interés.

Tracto sucesorio La historia de transferencias, desde algún punto de partida aceptado, por el que el actual poseedor de la propiedad inmueble derive el título. El tracto sucesorio se utiliza para preparar la opinión del abogado del título de que si el dueño tiene un interés comercial o asegurable en la propiedad (en otras palabras, un título claro.)

Tramitador Empresa que suscribe préstamos para propiedades comerciales y/o de multifamilia.

Tramo Clase de los valores que pueden o no ser tasados.

Trans Union Corporation Una de las agencias principales de reporte de crédito.

Transacción de capital compartido Transacción en la cual dos personas compran una propiedad, un para usarla como residencia y el otro como una inversión.

Transacción de compra Transacción en la que la propiedad es adquirida a través de un intercambio de dinero o algo de valor equivalente.

Transferencia de propiedad Cualquier proceso en el cual una propiedad cambia manos, de un dueño a otro.

Transacción de refinanciamiento Acto de saldar un préstamo existente usando fondos de un nuevo préstamo que usa la misma propiedad como garantía.

Transacción prohibida Ciertas transacciones que pueden no ser llevadas a cabo entre un plan de pensión y una parte interesada, como lo son las siguientes: la venta, permuta o alquiler de cualquier propiedad; un préstamo u otro crédito; y muebles o servicios.

Transferencia Término usado para referirse a cualquier documento que transfiera un título a de bienes raíces. El término también se utiliza en describir el acto de la transferir.

Trayectoria Reputación de una inmobiliaria o de un constructor por producir en términos económicos y oportunos; historia del desempeño de un vendedor inmobiliario o de las ventas de un agente.

Tribunal de Instancia (Asuntos Menores) Tribunal donde típicamente son juzgados los reclamos de menos de 1,000 dólares; proporciona un foro relativamente barato para la disposición de controversias o desacuerdos menores.

Triplex Edificación con tres apartamentos o unidades de casas adosadas.

Tuerca Término de la jerga referido al cargo contable de una propiedad; los costos mensuales que se deben se superados por el ingreso para mantener un flujo de liquidez positivo.

Ubicación cien por ciento Término que se refiere a una ubicación en el districto céntrico de negocios de una ciudad o de un pueblo que fija los valores más altos de tierras. Refleja típicamente los precios de alquiler más altos y el flujo más alto peatonal y de tráfico.

Ubicación, ubicación, ubicación Declaración popular que acentúa la ubicación de una propiedad en la determinación de su valor. Expresado a menudo como "las tres consideraciones más importantes en bienes raíces son ubicación, ubicación, ubicación".

Ultra vires Los actos de una corporación que están más allá de sus poderes legales como puesto en adelante en sus artículos de incorporación.

Unidad Habitaciones que constituyen una residencia para un arrendatario. Una unidad generalmente tiene una entrada separada.

Unidad de la eficiencia Vivienda pequeña, que generalmente consiste en un solo cuarto, dentro de una estructura multifamiliar. En muchos casos las instalaciones de la cocina o del baño no son completas. Por ejemplo, un apartamento de eficacia puede tener un microondas y un fregadero, pero no estufa o refrigerador.

Unidad Térmica Británica (BTU) Una unidad del calor; un BTU es la energía requerida para levantar la temperatura de una libra de agua por un grado Fahrenheit. La salida de la mayoría de los sistemas de calefacción se mide en BTUs.

Unidades Características requeridas para crear una tenencia conjunta: unidad de posesión, tiempo, posesión y título.

Unidades de vivienda múltiples Sistema de propiedades que proporciona áreas separadas de vivienda para más de una familia pero que requiere solamente una sola hipoteca.

Uniformidad Término de tasación utilizado para describir valores determinados que tienen la misma relación al valor de mercado, implicando una igualación de la carga fiscal.

Unión de arrendatarios Organización local de arrendatarios locales residenciales que trabajan por sus intereses y derechos comunes.

Urbano Bienes inmuebles localizados en un área de desarrollo de alta densidad; con frecuencia se refiere a una ciudad.

Uso Propósito particular para el cual es querida una propiedad para ser empleada.

Uso comercial Curso uniforme de conducta seguida en un comercio particular, profesión o tipo de negocio.

Uso mixto Término que se refiere al espacio dentro de un edificio o de un proyecto que puede ser utilizado para más de una actividad.

Uso molesto Utilización del suelo cuyas actividades asociadas son incompatibles con la utilización de los suelos circundantes; por ejemplo, una utilización del suelo que crea gases ofensivos puede ser incompatible con una vecindad residencial.

Uso no conforme Uso de la propiedad, que se permite continuar después de que se haya establecido una ordenanza de zonificación para el área que lo prohíba.

Uso y desgaste normal Depreciación física resultante de la edad y el uso ordinario de la propiedad. Por ejemplo, el alfombrado puede tener una vida física de cinco años basados en un uso y desgaste normal.

Usufructo viudal Derecho del esposo a todos o parte de los bienes inmuebles de su esposa fallecida sin importar las provisiones de su testamento. El ususfructo viudal solo existe en algunos estados.

Usufructuario vitalicio Persona en posesión en sociedad limitada a una propiedad vitalicia.

Usura Cobrar intereses en una tasa más alta que la máxima establecida por la ley estatal.

Usurpación Un edificio o una cierta porción de él, una pared o cerca para caso-que se extiende más allá de la tierra del dueño e ilegalmente se impone en parte de la tierra de un dueño colindante o de una calle o de un callejón. Cualquier mejora que invada ilegalmente la propiedad de otra parte.

Utilidades Servicios como agua, alcantarilla, electricidad, teléfono y gas que generalmente son requeridos para que funcione un edificio o una residencia. También utilizado para describir los cargos por servicios de utilidad.

Validación de testamento Proceso legal por el cual una corte determina quien heredará la propiedad de un fallecido y cuales son los activos inmuebles.

Valor Actual Neto (NPV) Suma del valor total actual de los futuros flujos de liquidez incrementales más el valor actual de la recaudación estimada de ventas.

Valor bruto de activos en propiedad inmobiliaria Valor total de mercado de las inversiones en propiedades inmobiliarias bajo administración en un fondo o cuentas individuales, generalmente incluyendo el valor total de los capitales, de las posiciones de deuda, y de las posiciones de la propiedad de empresa a riesgo compartido.

Valor bruto de la inversión de propiedades inmuebles Valor de mercado de las inversiones de propiedades inmuebles que son puestas en una cartera sin incluir las deudas.

Valor catastral El valor colocado a una propiedad, determinado por un tasador de impuestos para calcular la base de impuestos.

Valor contable El valor de una propiedad basada en su valor de compra, más mejoras u otras adiciones, menos la depreciación. El valor contable es utilizado típicamente por corporaciones para demostrar el valor de las propiedades que poseen.

Valor de capitalización de renta Figura derivada por una propiedad que produce renta convirtiendo sus ganancias previstas en valor de la propiedad.

Valor de comparación de ventas Valor que es calculado comparando la propiedad tasada con propiedades similares en el área que han sido vendidas recientemente.

Valor de mercado Precio más elevado que un comprador estaría dispuesto a pagar, y el más bajo que un vendedor estaría dispuesto a aceptar; Precio al cual una propiedad se vendería por en un tiempo particular en un mercado competitivo.

Valor de reversión Beneficios que un inversor espera recibir como pago fijo al final de una inversión.

Valor de salvamento Valor estimado que un activo tendrá al final de su vida útil.

Valor de tasación El monto de dinero que un tasador profesional asigna a una apropiedad en un informe de tasación.

Valor de unidad Valor de una entidad entera de negocio, a menudo usada en el caso de utilidades públicas o ferrocarriles.

Valor de uso Valor subjetivo de una propiedad de propósito especial diseñada para encajar en las exigencias del dueño pero con poco o ningún empleo para otro dueño.

Valor de utilidad Valor en el empleo para un dueño, que incluye el valor de comodidad atribuido a la propiedad.

Valor del activo neto por acción Valor total de los activos actuales de un REIT dividos por las acciones en circulación.

Valor del dinero en el tiempo Principio económico que declara que el valor de un dólar recibido hoy vale más que el valor de un dólar recibido en el futuro, dado que el dólar recibido en el futuro no puede ser invertido o no se puede contar con él en el presente.

Valor del fondo de comercio Valor entero de un negocio, incluyendo activos, clientes proactivos, fuerza de trabajo experta, participación en el mercado, líneas de crédito y otros activos.

Valor estético Valor de una propiedad basado en su apariencia; por ejemplo, una propiedad con vista directa a un lago puede resultar en un precio de venta más alto que propiedades comparables no proporcionan la misma vista.

Valor indicado Valor de una propiedad sujeta según lo demostrado en los tres estimados básicos al valor: ventas recientes de propiedades comparables, coste menos depreciación acumulada más el valor de la tierra y capitalización de ingresos netos anuales de la explotación.

Valor intrínseco Término de tasación que refiere al valor creado por las preferencias personales de una persona para un tipo particular de propiedad.

Valor Neto del Activo (NAV) Valor total de un activo o de una propiedad

Valor neto de la inversión en propiedades inmobiliarias Valor de mercado total de todas las propiedades inmobiliarias menos deudas inmobiliarias.menos los intereses del apalancamiento o de la empresa de participación compartida.

Valor nominal Monto de dólares en un documento.

Valor presente Valor equivalente de un flujo de dinero futuro calculado de acuerdo a una tasa de descuento específica. Basado en la premisa de que el dinero tiene un valor temporal.

Valor-R Medida de la conductividad de calor de un material; usado para determinar la calidad del aislamiento de materiales para la construcción.

Valor real de contado Término de seguros para el valor monetario de una mejora. Se determina restando el desgaste del costo de reemplazo.

Valorización Aumento en el valor de una propiedad. La valorización puede producirse debido a inflación, adiciones físicas o cambios, cambios en los valores del mercado y otras causas.

Valor respaldado por hipoteca Bono u otra obligación financiera que es respaldado por un fondo común de préstamos de hipoteca.

Valor subjetivo Cantidad que una persona específica podría pagar para poseer una propiedad. También llamado valor personal.

Valorización de capital Aumento en el valor de una propiedad después de que se haya ajustado según mejoras de capital y ventas parciales. La valorización de capital se refiere al valor de una propiedad; la ganancia sobre el capital se observa cuando la propiedad se vende realmente.

Vencimiento Fecha de vencimiento de un préstamo; final del período cubierto por un contrato.

Vendedor Persona que realiza actividades inmobiliarias mientras es empleado por o está asociado con un agente inmobiliario autorizado.

Vendedor asociado Vendedor autorizado o agente que trabaja para un agente.

Venta a plazos Transacción en la cual el precio de venta se paga en dos o más pagos en el transcurso de dos o más años. Si la venta cumple con ciertos requisitos, un contribuyente puede posponer la información de tal renta hasta algunos años en el futuro, pagando el impuesto cada año solamente sobre las ganancias recibidas en ese año.

Venta al descubierto Venta de un bien inmueble asegurado que resulta en menos dinero que el que se le debe al prestamista. El prestamista libera su hipoteca, así la propiedad libre y clara puede ser vendida al nuevo comprador. Haciendo esto, el prestamista ha reducido sus pérdidas estando de acuerdo con una venta al descubierto en vez de iniciar el proceso de ejecución.

Venta al por mayor La venta de un grupo o de un conjunto de activos de propiedades inmobiliarias, generalmente distintas propiedades en diversas localizaciones. Una venta al por mayor requiere que el comprador acepte todas las propiedades.

Venta anormal Una venta que no representa una transacción de mercado. Si, por ejemplo, una casa se vende por $100,000 en una calle donde casas similares se venden por $200,000, entonces la primera casa sería considerada como una venta anormal. Un tasador puede elegir hacer caso omiso a las ventas anormales cuando está seleccionando propiedades similares para comparar valores.

Venta condicional Contrato para vender una propiedad que indica que el vendedor conservará el título hasta que se hayan satisfecho todas las condiciones contractuales.

Venta contingente Tipo de venta que tiene provisiones inusuales. Por ejemplo, un agente de bienes raíces puede aceptar un listado que tenga un marco de tiempo inusualmente corto.

Venta fiscal Venta de bienes raíces ordenada por un tribunal para recaudar el dinero para cubrir impuestos impagos.

Venta Exclusiva Venta en la cual un agente de venta es el único agente en la transacción. El agente u otro vendedor que trabaja para ese agente puede haber encontrado al comprador.

Venta Parcial Acto de vender una parte de una propiedad inmueble que es menor a la propiedad entera.

Venta por Pánico Práctica ilegal de ofrecer ventas o alquileres haciendo declaraciones orales o escritas que generen miedo o alarma.

Venta Pública Venta de una propiedad en una remate con aviso previo al público general.

Venta y venta con alquiler posterior Transacción en la cual un propietario vende su propiedad mejorada y como la parte de la misma transacción, firma un arriendo a largo plazo para permanecer con la posesión de la locación.

Ventajas Los realces ganados de una mejora pública de una propiedad tomada en un procedimiento del dominio eminente. Una ventaja podía ser una escuela nueva, una carretera nueva, o un nuevo proyecto público. Las ventajas son típicamente generales, significando ellas realzan todas las propiedades en el área.

Ventas comparables También llamadas Comps o Comparables. Los precios de venta recientes de propiedades similares en el área son utilizadas para ayudar a determinar el valor de mercado de una propiedad, con la asunción de que la propiedad sujeta se venderá en un precio parecido a estas otras propiedades.

Veracidad en el préstamo Legislación federal que requiere que los prestamistas manifestar los términos y condiciones de una hipoteca por escrito

Viabilidad económica Viabilidad de un edificio o de un proyecto en términos de costos e ingresos donde el grado de viabilidad es establecido por el rédito adicional.

Vida económica Número de años durante los cuales una mejora agregará valor a la tierra.

Vida física Período de tiempo de existencia física esperado para un bien inmueble; los años reales o vida útil durante la cual la estructurá será considerada habitable.

Vida útil Período económico durante el cual se espera un flujo en efectivo; período para depreciarse un edificio por razones fiscales.

Viga Parte estructural que sostiene el techo.

Vivienda Un lugar de residencia.

Vivienda asequible Término frecuentemente utilizado para describir los esfuerzos públicos y privados para ayudar a los individuos de bajos ingresos a comprar casas. Los programas típicos incluyen tasas de interés por debajo del mercado, o pagos iniciales mínimos.

Vivienda modular Vivienda prefabricada manufacturada

en una localización aparte del lote real y transportada en secciones a un lote para la construcción final.

Vivienda pareada Residencia que comparte una pared con un edificio contiguo, a veces llamada pared medianera.

Viviendas de la sección 8 Unidades de vivienda para alquiler de propietarios particulares que participan en el programa gubernamental de ayuda al alquiler de vivienda de bajos ingresos. El Departamento de Vivienda y Desarrollo Urbano paga una parte del alquiler y el arrendatario paga otra parte.

Viviendas en racimo Técnica de la subdivisión donde las unidades se agrupan cerca con un área común dejada para la recreación. En efecto los residentes tienen patios extremadamente pequeños pero pueden gozar de los espacios comunes grandes.

Viviendas iniciadas Estimado del número de unidades de vivienda por el cual la construcción ha comenzado o comenzará durante un período específico.

Viviendas múltiples Casa de vecinos; cualquier estructura usada para el alojamiento de dos o más grupos familiares en unidades de vivienda separadas; una casa de apartamentos.

Viviendas para ancianos Proyecto diseñado específicamente para las personas de y mayores de 55 años, proveyéndoles comodidades y espacio de uso común.

X Signo que puede sustituir a una firma en algunos casos, si una persona no puede escribir. Requiere la presencia y la afirmación de un notario.

Xilofagia Capacidad de un organismo de taladrar en la madera. Las termitas, por ejemplo, tienen la capacidad xilófaga.

Yuppy Término común para jóvenes profesionales que escalan laboralmente o para jóvenes solteros o en pareja con altas habilidades de trabajo y el potencial para el aumento de ingresos estables.

Zapata Soporte de concreto bajo una fundación que descansa en tierra sólida y es más ancho que la estructura apoyada. Las zapatas distribuyen el peso de la estructura sobre la tierra.

Zócalo Revestimiento de la parte inferior de una pared interior.

Zona de Condenación Demolición y despeje de áreas enteras para hacer lugar para una nueva construcción.

Zona tapón Una franja de tierra, usada como un parque o designada generalmente para un uso similar, separando la tierra dedicada a otro uso; por ejemplo, separando propiedades residenciales de propiedades comerciales.

Zonificación Acto de dividir una ciudad o pueblo en áreas particulares y aplicar leyes y regulaciones en cuanto al diseño arquitectónico, estructura y los empleos intencionados de los edificios dentro de aquellas áreas.

Zonificación aislada Nueva división por zonas de una parcela de tierra donde toda las parcelas circundantes son divididas en zonas para diferentes usos. La zonificación aislada por lo general es rechazada en los tribunales.

Zonificación de exclusión Leyes del zonificación de una comunidad que sirven para prohibir la renta baja y moderada de las viviendas. La zonificación exclusionaria se considera ilegal.

Zonificación piramidal Ordenanza de zonificación que permite una clasificación más restringida en una zona menos restringida. Por ejemplo, una zonificación piramidal puede permitir uso industrial liviano en un área de industria pesada.

MÁS GRANDES TÍTULOS DE ATLANTIC PUBLISHING

THE COMPLETE GUIDE TO INVESTING IN REAL ESTATE TAX LIENS & DEEDS: HOW TO EARN HIGH RATES OF RETURN—SAFELY

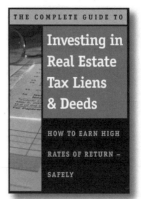

Tax lien certificates and deeds are not purchased through a broker; you purchase these property tax liens directly from the state or county government (depending on the state). This type of investment was created by state law, and state law protects you as the investor. Investing in tax liens and deeds can be very rewarding. Tax liens can be tax deferred or even tax-free. You can purchase them in your self-directed IRA. Interest rates vary but average between 4% and 18%. The interest rates are fixed by local governments, essentially a government-guaranteed loan. This sounds great, but what is the catch? There really is none, except you must know what you are doing! This groundbreaking book will provide everything you need to know to get you started on generating high-investment returns with low risk, from start to finish.   **320 Pages • $21.95**

THE SECOND HOMEOWNER'S HANDBOOK: A COMPLETE GUIDE FOR VACATION, INCOME, RETIREMENT, AND INVESTMENT

There is no better time than now to buy that second home you've been thinking about for getaways, vacations, investment, or retirement. Low interest rates, tax savings, rising appreciation, and effortless financing make it simple to profit from a second home. This book explains how to invest profitably in a vacation or future retirement home. Your second home can be for living, to re-sell, or even rent. This comprehensive guide presents proven tactics to make your second home a smooth and profitable transaction. You will learn precisely what to look for in a real estate investment, buying prospects, and how to make your current home groundwork for potential real estate investments, how to find the best opportunities, negotiating, financing, budgets, credit reports and more.   **288 Pages • $21.95**

PRIVATE MORTGAGE INVESTING: HOW TO EARN 12% OR MORE ON YOUR SAVINGS, INVESTMENTS, IRA ACCOUNTS AND PERSONAL EQUITY: A COMPLETE RESOURCE GUIDE WITH 100s OF HINTS, TIPS & SECRETS FROM EXPERTS WHO DO IT EVERY DAY

This book provides detailed information on how to put money to work in a relatively safe private mortgage investment with a high return of 12 to 15 percent (or more) in most cases. Private mortgages have grown into a multi-billion-dollar industry. This market allows investors to earn substantially higher yields—while offering the security of real property to back the loan.   **400 Pages • $29.95**

Para ordenar llame al 1-800-814-1132 o visite www.atlantic-pub.com